W0052526

Schulzeit ohne Stress!

Andreas Winter

Schulzeit ohne Stress!

So stärken Sie Ihr Kind
in drei Schritten

Haben Sie Fragen an Andreas Winter?
Anregungen zum Buch?
Erfahrungen, die Sie mit anderen teilen möchten?

Nutzen Sie unser Internetforum:
www.mankau-verlag.de/forum

Impressum

Bibliografische Information der Deutschen Nationalbibliothek
Die Deutsche Nationalbibliothek verzeichnet diese Publikation in der Deutschen Nationalbibliografie; detaillierte bibliografische Daten sind im Internet über http://dnb.d-nb.de abrufbar.

Andreas Winter
Schulzeit ohne Stress!
So stärken Sie Ihr Kind in drei Schritten
ISBN 978-3-86374-580-6
1. Auflage Juli 2020

Mankau Verlag GmbH
D-82418 Murnau a. Staffelsee
Im Netz: www.mankau-verlag.de
Internetforum: www.mankau-verlag.de/forum

Lektorat: Redaktionsbüro Julia Feldbaum, Augsburg
Endkorrektorat: Susanne Langer-Joffroy M. A., Germering
Cover/Umschlaggestaltung: Hauptmann & Kompanie Werbeagentur, Zürich
Layout und Satz: Lydia Kühn, Aix-en-Provence, Frankreich
Energ. Beratung: Gerhard Albustin, Raum & Form, Winhöring

Druck: Druckerei C. H. Beck, Nördlingen

MIX
Papier aus verantwortungsvollen Quellen
FSC
www.fsc.org
FSC® C019821

Wichtiger Hinweis: Verlag und Autor haben bei der Erstellung dieses Buches Informationen und Ratschläge mit Sorgfalt recherchiert und geprüft, dennoch erfolgen alle Angaben ohne Gewähr; Verlag und Autor können keinerlei Haftung für etwaige Schäden oder Nachteile übernehmen, die sich aus der praktischen Umsetzung der in diesem Buch dargestellten Inhalte ergeben. Bitte respektieren Sie die Grenzen der Selbstbehandlung, und suchen Sie bei Erkrankungen einen erfahrenen Arzt oder Heilpraktiker auf.

Inhalt

Schritt 1
Metapädagogik – verstehen, was Schule ist
Seite 16

Schritt 2

Familiensoziologie – Eltern-Kind-Rollenmanagement

Seite 77

Schritt 3

Schülercoaching – einfache, aber wirksame Strategien

Seite 131

Neue Ideen braucht die Schule

Bei den Recherchen zu meinem Buch stieß ich auf einen brandneuen Aufsatz von Gerald Hüther, der wie maßgeschneidert zu dem Anliegen in meinem Buch passt. Professor Hüther war so freundlich und stellte mir den Text, quasi als Einstimmung auf das Thema, anstelle eines Vorwortes zur Verfügung.

Let's change it! Aber wie?
Ein Beitrag über die Änderungsresistenz unseres Bildungssystems

Das menschliche Gehirn ist zeitlebens in der Lage, einmal entstandene Vernetzungen seiner Nervenzellen wieder umzubauen. Deshalb können bis ins hohe Alter sogar sehr eingefahrene Bahnen und Verschaltungsmuster, die unser Denken, Fühlen und Handeln bestimmen, auch wieder verändert und an neue Gegebenheiten angepasst werden. Diese lebenslange Lernfähigkeit zeichnet uns als Menschen gegenüber allen ebenfalls mehr oder weniger lernfähigen Tieren aus. Deshalb sollte es uns eigentlich nicht allzu schwerfallen, die Art und Weise, wie wir etwas bisher betrachtet, bewertet, empfunden und gemacht haben, so zu verändern, dass eine veränderte Betrachtungsweise, Vorstellung, Empfindung und damit auch ein anderes Vorgehen entsteht. Aber ganz so leicht scheint so ein Veränderungsprozess nicht abzulaufen. Allzu oft bleiben wir in den alten Mustern hängen, die unser bisheriges Denken, Fühlen und Handeln bestimmt haben. Es ist deshalb sehr leicht daher gesagt, eine Veränderung zu fordern. Die Bereifung eines Autos ist schnell zu ändern. Aber nicht das, was sich in den Köpfen der Menschen an Vorstellungen über »optimale« Erziehung und Bildung einmal eingegraben hat. Und ebenso wenig das, was eine Gesellschaft im Verlauf der Zeit alles an Strukturen, Zuständigkeiten, Ämtern, Vorschriften oder Einrichtungen zur Gewährleistung von Erziehung und Bildung herausgeformt hat. Allen Beteiligten ist klar, dass es so nicht weitergehen kann.

Viele verantwortungsbewusste Eltern versuchen, zu Hause oder mit Nachhilfestunden auszugleichen, was in der Schule nicht geklappt hat. Manche Eltern suchen nach Alternativen, schicken ihre Kinder auf Privatschulen oder in Schulen, die reformpädagogische Ansätze umzusetzen versuchen. Manche gründen gemeinsam mit Gleichgesinnten eigene sogenannte Freie Schulen, und manche ziehen mit ihren Kindern in Länder, wo es keine gesetzlich geregelte Schulbesuchspflicht gibt. All das sind individuell gesuchte, aber nicht auf eine grundsätzliche Veränderung unseres gegenwärtigen Bildungssystems ausgerichtete Notlösungen.

Auch die Pädagoginnen und Pädagogen leiden unter den in ihren Bildungseinrichtungen herrschenden Bedingungen. Bezeichnend dafür ist die in dieser Berufsgruppe auffallende Häufigkeit psychosomatischer Erkrankungen.

Viele Lehrer versuchen, ihren Idealen treu zu bleiben und die Schüler so gut wie möglich auf ihrem Weg zu begleiten. Aber bei vielen führt das ständige Anrennen gegen kultusministerielle Vorgaben, gegen Forderungen und Ansprüche von Eltern und gegen das sich ausbreitende Desinteresse der Schüler zu fortschreitender Entmutigung und Resignation. In manchen Schulen gelingt es der Lehrerschaft, ein starkes Team gegenseitiger Unterstützung zu bilden, das sich dann gemeinsam mit den Eltern auf den Weg macht, um neue Unterrichtsformen und Lernmethoden an ihrer Schule einzuführen. Aber selbst dann, wenn das in einer Schule klappt, werden der neue Ansatz und die gefundenen Lösungen selten von anderen, noch nicht einmal von benachbarten Schulen übernommen.

Zu tief sind die alten, in den Köpfen von Eltern und Lehrern einst herausgebildeten Vorstellungen, Haltungen und Einstellungen verankert. Zu sehr ist der überwiegende Teil der Bevölkerung der Meinung, die Schule sei dazu da, Kindern und Jugendlichen das aus ihrer Sicht benötigte Wissen beizubringen, sie zu unterrichten, sie gegebenenfalls auch zu disziplinieren, sie in leistungsstarke und leistungsschwache Schüler einzuordnen und ihre Leistungen durch die Vergabe von Zensuren zu bewerten. Und solange diese Vorstellung von einer Mehrheit der Bevölkerung, von weiterführenden Ausbildungseinrichtungen und von führenden Vertretern der Wirtschaft geteilt und sogar eingefordert wird, können auch Politiker – wenn sie wiedergewählt werden wollen – nichts anderes tun, als ihre Entscheidungen und die zur Umsetzung dieser Vorstellungen dienenden Verwaltungsstrukturen an dieser alten Denkweise auszurichten. So bleibt dann zwangsläufig alles beim Alten, nicht weil es gut ist, sondern weil es so schwer veränderbar ist. Bereits kleinere Reformversuche scheitern am Widerstand all jener, die ihre Überzeugungen oder ihre Positionen dadurch bedroht fühlen. Es reicht also nicht, gute Ideen hervorzubringen, wie unser gegenwärtiges Bildungssystem verändert werden müsste. Und es wird auch nicht gelingen, diese Ideen praktisch umzusetzen, solange dieses enorme Beharrungsvermögen, diese bemerkenswerte Änderungsresistenz in den Gehirnen und in den bereits existierenden Verwaltungs- und Organisationsstrukturen aufrechterhalten wird. Was also für die notwendigen, tief greifenden Veränderungen gebraucht wird, sind Ideen, wie sich diese einmal entstandenen Denkmuster und Organisationsstrukturen infrage stellen und durch neue Ansätze ersetzen lassen (aus *Education for Future*, 2020, Goldmann Verlag).

»Andreas Winter liefert mit seinem vorliegenden Buch eine solche Idee. Er zeigt den Beteiligten eine Möglichkeit, aus der Schulzeit, so wie sie ist, das Beste zu machen, um dann vielleicht ›von innen heraus‹ das Bewusstsein für einen Wandel herbeizuführen.«

Prof. Dr. Gerald Hüther, Neurobiologe, Hirnforscher und Autor Göttingen, im Februar 2020

Vorwort des Autors

Ich habe als Schüler keine Hausaufgaben gemacht, oft den Unterricht geschwänzt (ganz ohne Klimaschutz-Ambitionen), nie für Klassenarbeiten geübt und hatte zwischenzeitlich die schlechtesten Noten, die das deutsche Schulsystem hergibt. Ich hatte sogar in einem Zeugnis neben Mathe auch eine Sechs in Sport und in Kunst – so ein Chaos muss man erst einmal hinbekommen! Dennoch habe ich letztlich – ohne sitzen zu bleiben – ein Zweier-Abitur gemacht und mit Erfolg mein wissenschaftliches Studium abgeschlossen. Ich bin kein Wunderknabe und ich habe auch keine einflussreiche Mafia-Familie. Dennoch kann man stressfrei durch die Schulzeit kommen. Wie das geht, möchte ich hier erläutern. Dieses Buch richtet sich an Schüler aller Jahrgangsstufen. Da Schüler jedoch erfahrungsgemäß gar keine Ratgeber zum Überwinden von Schulproblemen lesen, schreibe ich es also für Sie, die Eltern, in der Hoffnung, dass Sie damit Ihren Kindern helfen können, die Schule gelassen und erfolgreich zu meistern. Erwähnen Sie Ihrem Kind gegenüber beiläufig, dass Sie ein Buch gelesen haben, von dem Sie nicht möchten, dass es dieses jemals in die Finger bekommt. Und wenn es Sie nach dem Warum fragt, sagen Sie: »Weil du danach die Schule nicht mehr ernst nehmen würdest. Weil der Autor schreibt, dass er selbst als Schüler miese Noten gehabt, keine Hausaufgaben gemacht, manchmal den Unterricht geschwänzt und sein Abi mit Selbsthypnose gemacht hat. Und deswegen habe ich etwas Angst, dass du das Buch liest und dann gar nichts mehr machst.« Das müsste eigentlich ausreichen, um Ihr Kind wie einen Flitzebogen zu spannen und darauf neugierig zu machen, was denn wohl in diesem ominösen Buch stehen mag. Und wenn du, lieber Schüler, das Buch nun aus lauter Neugier doch bis hierhin gelesen hast und somit auf meinen Trick hereingefallen bist, dann kannst du jetzt auch einfach weiterlesen ;-).

Ich möchte Sie an dieser Stelle im Übrigen darauf hinweisen, dass ich mit diesem Buch nicht das Schulsystem verändern will, obwohl das sicherlich sinnvoll wäre. Auch suche ich die Ursache für Schulschwierigkeiten nicht bei den Lehrern und Eltern, sondern setze an einer ganz anderen Stelle an: bei der sogenannten Leistungsgesellschaft. Diese macht den Druck auf Lehrer, Schulleiter, Eltern und letztendlich auf die Schüler! Es geht um die Bedingungen des Unterrichtens und die Strukturen, in denen Lehrer arbeiten müssen. Selbst die engagiertesten Lehrer – und es gibt sehr viele davon (!) – stehen teilweise vor der Kapitulation aufgrund dieser Umstände.

Das Tragische: Bei Ihrem Kind wirkt sich dieser Druck am stärksten aus, seelisch und gesundheitlich.

Das Gute: Genau dort können Sie direkten und sofortigen Einfluss ausüben. Und es empfiehlt sich auch, denn wenn Ihr Kind eines Tages ganz gelassen die Schule rockt und mühelos gute Noten kassiert, dann haben Sie ein Problem weniger.

Wer hat etwas von der Schule?

»Nicht für die Schule lernen wir, sondern für das Leben« – mit diesem Satz versuchten Generationen von Lehrern und Eltern, ihre Schützlinge davon zu überzeugen, dass sie selbst einen Nutzen vom Lerninhalt hätten. Mal ehrlich: Hat das bei Ihnen damals geklappt, haben Sie das je geglaubt? Oder lernen wir nicht alle eher aus Angst, Ärger zu kriegen oder keine Arbeit zu bekommen?

Wer hat mehr Angst vor dem nächsten Zeugnis, Ihr Kind oder eher Sie? Graut es Ihnen nicht schon angesichts der üblichen Moralpredigt, die Sie pflichtbewusst, aber verzweifelt Ihrem Kind demnächst halten müssen, nur weil es wieder in den wichtigsten Fächern schlecht benotet wurde? Oder nehmen Sie sich vor, den Lehrern mal ganz gründlich Ihre Meinung zu sagen und sie auf ihre pädagogischen Pflichten hinzuweisen? Vielleicht bereiten Sie sich auch schon innerlich darauf vor, einem schlecht gelaunten, wütenden Teenager zu erklären, dass er mehr Disziplin aufbringen muss, dass er sich anstrengen soll und dass andere Schüler ja schließlich auch irgendwie gute Noten bekommen würden. Doch insgeheim fragen Sie sich, ob Sie als Eltern nicht vielleicht auch etwas falsch gemacht haben. Vielleicht. Aber was? Sie wissen doch, dass Ihr Kind nicht dumm ist. Sie wissen selbst, dass die Schule einen enormen Druck auf Ihr Kind ausübt. Vielleicht fühlt sich Ihr Kind einfach entmutigt, überfordert, missverstanden, unterfordert oder gar bedroht?

Wenn schon eine ganz normale Saatkrähe mit ihrem primitiven Vogelhirn es schafft, Nüsse auf die Straße fallen zu lassen, damit sie von überrollenden Autos geknackt werden, um sie anschließend bei einer roten Ampel aufzusammeln, dann wird ein Kind der Spezies Homo sapiens doch wohl auch das Plusquamperfekt, die binomischen Formeln oder die Zusammenhänge der Weimarer Republik verstehen können, oder? Doch fragt sich ein jeder Schüler zu Recht: »Wozu brauche ich das? Warum soll ich das lernen?« Die elterliche Standardantwort ist stereotyp: »Du musst das einfach lernen! Wenn du nicht gut in der Schule bist, dann wirst du es im Leben sehr schwer haben!« Und genau hier setze ich an: Sie möchten, dass es Ihrem Kind gut geht? Prima! Dass es eines Tages mit einer guten Arbeit sicheren Wohlstand erlangt und Zugang zu den Annehmlichkeiten dieser Gesellschaft hat? Wunderbar! Glauben Sie denn, dass Ihr Kind das nicht ebenso will: in Wohlstand und in Freiheit leben? Ganz bestimmt will es das! Sind Sie gerade dabei, Ihrem Kind den Zugang zu diesem leichten Leben wirklich zu eröffnen? Sind Sie dafür überhaupt ein glaubwürdiges Vorbild? Wie lange soll Ihr Kind warten, bis es glücklich ist? Bis achtzehn? Bis fünfundsechzig? Oder soll es ihm vielleicht ab heute besser gehen?

Ab heute? Gut! Fangen wir damit an! Ich zeige Ihnen in drei einfachen, aber etwas ungewöhnlichen Schritten, wie Sie Ihr Kind vor dem Schulstress retten können:

Schritt 1:
Metapädagogik – verstehen, was Schule ist
Wir werfen einen Blick darauf, welche Aufgabe Schule hat und wofür sie nicht zuständig ist. Dadurch wird Schule als Lebensthema des Kindes überschaubarer.

Schritt 2:
Familiensoziologie – Eltern-Kind-Rollenmanagement
In jeder zwischenmenschlichen Beziehung verhält man sich anders. Sobald man Klarheit über seine Rolle hat, kann man diese auch bewusst verändern.

Schritt 3:
Schülercoaching – einfache, aber wirksame Strategien
Wenn ein Erwachsener noch einmal in die Grundschule ginge, würde er sie sicherlich anders erleben. Daraus kann man lernen.

Sie werden sehen, innerhalb eines Halbjahres erholt sich Ihr Kind wieder vom Schulstress und wird auch meist eine deutliche Notensteigerung erwirken. Das langfristige und nachhaltige Ziel ist, dass Ihr Kind so schnell wie möglich ein zufriedenes und eigenverantwortliches Leben lebt, der Familienfrieden wieder einkehrt und Sie auch wieder beruhigt schlafen können. Also schauen wir jetzt einmal ganz genau hin: Was ist Schule, und wer hat etwas davon?

Schritt 1
Metapädagogik – verstehen, was Schule ist

Angenommen, Sie wären von Anfang an in allem, wofür Sie sich interessieren, von Eltern und Lehrern gefördert und bestärkt worden. Dadurch ermutigt und gebildet, würden Sie stets die Erfahrung machen, dass alles, was Sie sich vornehmen, irgendwann gelingt und Sie Expertise entwickeln. Dann hätten Sie automatisch das Selbstbewusstsein und die Selbstsicherheit, Ihren Interessenshorizont nach Belieben zu erweitern. Nichts könnte Sie dauerhaft frustrieren oder entmutigen, weil Sie keine chronischen Selbstzweifel hätten. Sie würden weder angeben noch nach Anerkennung lechzen noch wären Sie arrogant oder leicht zu kränken. Die Leistungen anderer könnten Sie neidlos würdigen und wären auf genau den Gebieten, die Sie interessieren, erfolgreich und sicher. Aber was glauben Sie, hätten Sie dann die Bereitschaft, für eine unwürdige Bezahlung eine unwürdige Arbeit zu machen, und wären zudem noch drüber froh, dass Sie das überhaupt dürfen? Wohl kaum! Und Sie würden sehr wahrscheinlich auch nicht mehrere Hundert Bewerbungen schreiben (wie es heute fast normal ist), auf die Sie ohnehin nur Absagen bekommen, sondern mit dem, was Sie können, einen erfolgreichen Beruf ausüben. Sie wären kein Mindestlohnsklave, der sich für einen Versager hält und im Rentenalter Pfandflaschen sammeln muss, um sein Existenzminimum zu sichern. Und sehen Sie, genau dafür ist Schule da, die Selbstsicherheit Ihrer Kinder zu brechen, damit sie zu leicht manipulierbaren, systemkonformen und billigen Arbeitskräften werden. Und Sie als Eltern machen da sogar noch mit. Glauben Sie nicht? Dann schauen Sie mal hier.

Das sagen die Experten

Befragt man einige der bekanntesten Lern-, Schul- und Gehirnforscher zu ihrer Meinung über die Schule, so sind die Antworten so erschütternd wie eindeutig:

Prof. Dr. Gerald Hüther
Mit zahlreichen Veröffentlichungen zum Thema Lernen und Schule gehört der Neurobiologe Hüther zu den derzeit gefragtesten Wissenschaftlern auf seinem Gebiet. In einem Interview vom Deutschlandfunk sagte er:

»Das Riesenproblem, was wir haben, ist nicht, dass wir schlechte Schulen haben oder schlechte Lehrer, sondern dass wir ein Schulsystem haben, was so aufgebaut ist, dass man dort hinmuss. Wir haben ein Schulgesetz, ein Schulanwesenheitspflicht-Gesetz, und solange das so ist, dass ein Schüler, wenn er aus der Schule kommt und gefragt wird, warum gehst du in die Schule, nichts anderes sagt als, weil er muss, dann ist da was grundlegend falsch. Das mag vielleicht im vorigen Jahrhundert oder im Kaiserreich noch sinnvoll gewesen sein, Schüler zwangsweise in die Schule zu schicken, aber das ist im 21. Jahrhundert einfach nicht mehr die richtige Art. Es führt dann dazu, dass die Schüler in der Schule, wie wir das sagen, unmotiviert sind.

Das heißt, die wissen gar nicht, warum sie dorthin sollen, oder die gehen nur dorthin, weil sie müssen, und unter solchen Umständen kann man nicht viel lernen. Das Ergebnis ist, dass auch nicht viel hängen bleibt, und das führt dazu, dass dann so viel mit Nachhilfe versucht wird. Und zwei Jahre nach dem Abitur – da gibt es ja wunderbare Untersuchungen dazu – ist 90 Prozent von all dem, was die da in den 13 oder 12 Jahren gelernt haben, wieder weg. Das ist doch einfach völlig uneffektiv. So kann man im Grunde genommen nicht weitermachen. [...] Es gibt drei Gründe oder drei Möglichkeiten, den Lernstoff emotional aufzuladen. So heißt das wissenschaftlich. Das heißt, das muss unter die Haut gehen. Der erste ist, dass es einen wirklich interessiert, und dann will man es auch und dann lernt man auch alles. So beginnt ja auch in der Zeit, bevor wir die Kinder in die Schule schicken, der Lernprozess und so ist er ja auch richtig.

Dann, wenn das nicht möglich ist, geht es noch, dass man jemand anders zuliebe lernt. Das ist dann die berühmte Grundschullehrerin oder der tolle Lehrer, den man hat. Dann lernt man eigentlich nicht gerne Mathe, sondern man will jemanden glücklich machen. Manchmal auch die Mama.

Die dritte und ungünstigste Form, den Lernstoff emotional aufzuladen, besteht darin, dass man ihn mit Belohnung oder mit Bestrafung koppelt, mit guten oder schlechten Zensuren. Das ist im Grunde genommen kein Lernen, was da stattfindet; das ist Dressur. Das war im vorigen Jahrhundert vielleicht okay. Da hat man ja auch viele Leute gebraucht, die den ganzen Tag immer dieselben Bewegungen an ihren Maschinen gemacht haben und fast genauso funktioniert haben wie die Maschinen. Aber im 21. Jahrhundert ist das völlig daneben. Da braucht man keine gut abgerichteten, gut funktionierenden Leute, sondern welche, die irgendwie Freude am Lernen haben und die das Wichtigste, was sie in die Schule mit hineinnehmen, nämlich diese Entdeckerfreude und Gestaltungslust, hinten auch zumindest in gleicher Stärke wieder mit rausbringen.«[1]

Soweit Gerald Hüther, ein nahezu unumstrittener und sehr populärer Experte in Sachen Lernforschung. Das, was er sagt, ist umso erschreckender, wenn man bedenkt, dass er seine Forschung und Lehre seit vielen Jahrzehnten publiziert und diese eigentlich längst eine politische Umsetzung hätte erfahren haben müssen.

Übrigens, warum Sie Ihr Kind für seine schulischen Leistungen weder belohnen noch bestrafen sollten und wie Sie stattdessen damit umgehen können, erläutere ich noch später im Buch. Lassen wir einen weiteren Fachmann zu Wort kommen.

Prof. Dr. Manfred Spitzer
Der Neurobiologe und Psychiater Professor Dr. Manfred Spitzer ist ein international anerkannter Experte für die Erforschung von hirngerechtem Lernen. Es gelingt ihm, komplexe Zusammenhänge populärwissenschaftlich und laienverständlich zu referieren. In zahlreichen Publikationen weist der Ulmer Hirnforscher darauf hin, dass man einen Menschen nicht zum Lernen zu zwingen, sondern nur dazu einzuladen braucht. Seiner Ansicht nach ist Schule kein Ort, in dem diese Einladung geschieht, sondern im Gegenteil, man wider besseres Wissen am Lernen gehindert wird. In einem Interview im Deutschlandfunk sagte Spitzer:

»Ein Kind braucht bestimmte Dinge, ich sage mal, als Input. Es muss die Dinge anfassen, es muss mit den Dingen umgehen lernen. Und wenn heute die Kinder an die Schule kommen und können keinen Griffel mehr halten, weil sie sich nur noch mit Wischen über eine Glasoberfläche beschäftigt haben und ihre Hand damit weder motorisch noch sensorisch in irgendeiner Weise vernünftig trainiert haben, dann haben die einen Nachteil, und zwar einen großen Nachteil. Wir ziehen uns eine Generation von Behinderten heran, ich sage es mal drastisch. Je mehr Fingerspiele sie im

Kindergarten machen, desto besser sind sie mit 20 in Mathematik, weil die Zahlen über die Finger und deren komplexen Gebrauch ins Hirn kommen. Wenn sie nur wischen als Kindergartenkind, endet ihre Karriere als Putzfachkraft. Das sollte man einfach nicht machen. [...]«[2]

Die deutsche Ministerin für Digitalisierung Dorothee Bär fordert WLAN in den Schulen. Dazu meint Spitzer:

»Ich sage, dass die Bildung schlechter wird, wenn Sie in der Schule mit digitalen Medien lernen. WLAN im Klassenzimmer macht die Leistung um 18 Prozent schlechter, weil die Kinder mehr abgelenkt sind. Wenn Sie abgelenkteren Unterricht machen, werden die Schüler nicht schlauer. Sie müssen aber schlau sein, da haben Sie völlig recht. Noch ein Beispiel: Wenn Sie googeln, brauchen Sie keine Medienkompetenz. Das ist Unsinn! Sie brauchen Vorwissen in dem Bereich, in dem Sie googeln. Dieses Vorwissen, das müssen Sie schon haben, und dann können Sie googeln.

Nun wissen wir seit 2012, dass Google für die Wissensvermittlung schlechter ist als Bücher, Zeitungen oder Zeitschriften. Wir wollen also in der Schule nicht googeln, weil wir da Wissen erwerben wollen, wirkliches Wissen, das wir hinterher gebrauchen können. Und wenn wir das wirklich ernst nehmen, dann können die Kinder hinterher auch sogar gut googeln, besser, als wenn sie nichts wissen. Aber wenn Kinder hinterher gut googeln können sollen, dürfen sie in der Schule eines nicht: googeln! Das ist eine Idee, die ist ganz klar und die ist nachweislich da. Das haben Harvard-Professoren herausgefunden, im Science-Magazin publiziert, und ich kann nicht verstehen, wie sich unsere Politiker dieser Idee immer völlig verstellen. Die wollen das gar nicht hören. Die wollen das einfach nicht hören. Das ist kriminell!«[3]

In einem anderen Interview im Deutschlandradio Kultur äußert der Neurowissenschaftler seinen Unmut über die von der ehemaligen Bundesbildungsministerin Johanna Wanka angekündigte Initiative zur digitalen Bildung an Schulen.

»Der Lehrerverband hat vollkommen recht. Solange wir wissen: Das Wichtigste am Unterricht ist ein guter Lehrer – dann kann man mit fünf Milliarden noch ein paar Lehrerstellen schaffen. Und solange bei uns sogar der Unterricht ausfällt, weil kein Lehrer da ist, kann man fünf Milliarden sehr gut für Bildung anlegen. Wenn man dafür Geräte kauft, dann sind die in drei Jahren veraltet oder kaputt. Und das Geld ist vertan. Und diejenigen, die es angewendet haben, sind auch noch dümmer geworden.«[4]

Das sagt Manfred Spitzer, ein so gut wie unwidersprochener Wissenschaftler, der in seinen Vorträgen anschaulich erläutert, wie schnell und einfach Lernen vonstattengehen kann. Hören wir nun, was ein weiterer Experte über die Schule sagt.

Dr. phil. Richard David Precht

Der Philosoph Richard David Precht gilt als überzeugter Kritiker des deutschen Schulsystems. Er bezeichnet Schulen in seinen Büchern als *»Lernfabriken, die Kreativität töten«*. Einigen Journalisten erscheint diese harsche Kritik überzogen. In einem Interview in der ZEIT nahm er dazu Stellung:

»Meine Hauptkritik zielt vielmehr darauf, dass die Art, wie wir unsere Kinder unterrichten, dem widerspricht, wie nachhaltiges Lernen funktioniert. Unser Schulsystem atmet bis heute den Geist des 19. Jahrhunderts, als nicht Individualität wichtig war, sondern es darauf ankam, dass in einem bestimmten Zeitraum alle das Gleiche zu lernen hatten. Ich nenne es das Fabrikmodell. [...]

Kinder wollen lernen. Das weiß jeder, der welche hat. So lernt jedes Kind Sprechen und Laufen, ohne dass man als Eltern viel tun muss. Fast alle Kinder gehen anfangs auch freudig zur Schule. Doch schon nach kurzer Zeit verlieren sich die Neugier und die Lernfreude. Ich glaube, das liegt daran, dass das klassische Unterrichtsmodell sich viel zu wenig die Frage stellt, ob die Schüler in dem, was sie da vorgesetzt bekommen, einen Sinn sehen. Warum auch sollte sich ein 13-Jähriger – von Ausnahmen abgesehen – für eine physikalische Formel interessieren? Warum sollte er wissen wollen, was eine Adverbialphrase ist? Er lernt vielleicht beides, weil er es muss. Doch innerhalb kürzester Zeit hat er den Stoff wieder vergessen.«[5]

Und erneut hören wir, dass offenbar der Geist des vorletzten Jahrhunderts durch die Klassenzimmer weht. Da Richard David Precht in seinen Aussagen in der Öffentlichkeit manchmal etwas zu radikal empfunden wird, fangen wir also einmal eine Stimme aus dem gemäßigten Lager ein.

Prof. Dr. Harald Lesch

Prof. Dr. Harald Lesch ist Wissenschaftler und Moderator im öffentlich-rechtlichen Fernsehen. Er gilt nicht unbedingt als gesellschaftlicher Umstößler, sondern eher als Mainstream-Vertreter. Dennoch ist der Physiker, Naturphilosoph und Uni-Professor davon überzeugt, dass Kinder durch Schule verunsichert werden und durch falsche schulpolitische Entscheidungen an ihrer Entwicklung gehindert werden.

Er findet im Interview mit der Berliner Morgenpost dafür deutliche Worte und vertritt die Ansicht, dass *»die Schulen deshalb ständig reformiert werden, weil die Länder da zeigen können, dass sie auch da sind, weil ja ganz viele Kompetenzen von den Ländern an den Bund gegangen sind«*[6]. Seiner Ansicht nach gäbe es keine inhaltlichen Gründe für den enormen Druck, das *»Leben eines Menschen in den ersten 20 Jahren dermaßen zu beschleunigen und zu komprimieren«*[7].

Harald Lesch sieht eher wirtschaftliche Gründe: *»Das hat natürlich auch mit Ökonomisierung zu tun. Ökonomisierung bedeutet ja, Handeln unter eingeschränkter Ressource – und Letztere ist in diesem Fall die*

Zeit. Man versucht, die Menschen zu ökonomischem Handeln zu treiben, indem man ihnen die Zeit knapp macht. Das ist abartig. Dabei hat jeder Tag nur 24 Stunden. [...] Warum gibt man den Kindern nicht einfach Zeit? Warum geben wir so Vollgas? Dass viele unsere Gymnasiasten an die Unis getrieben werden – völliger Unsinn. [...] Gebt den Kindern einfach Zeit und lasst sie sich entwickeln.«[8]

Der Universitätsprofessor kritisiert die totale Überbetonung von Benotungen – die sich sogar in den Universitäten zunehmend fortsetzt. *»Früher waren es nur wenige Noten, die im Diplom stehen, heute steht da jede Note von jeder Vorlesung im Bachelorzeugnis! Das sorgt dafür, dass bei den Studenten im ersten Semester schon eine Welt zusammenbricht, wenn sie eine Drei bekommen, weil sie denken, sie erreichen ihren Schnitt nicht mehr. Auf der einen Seite haben wir immer weniger Studenten, die in der Lage sind, die Härten eines Studiums auszuhalten. Auf der anderen Seite treiben wir sie natürlich auch in so eine Anpassungsphase, indem wir alles benoten. Wir hatten früher mal eine Kultur des Vertrauens. Heute haben wir ein reines Misstrauensmanagement. Besser wäre doch, wir würden es so machen, dass wir am Ende des vierten Semesters sagen, dass es eine mündliche Prüfung gibt und wir die Studierenden über den Gesamtzusammenhang abfragen. Dann setze ich natürlich das Vertrauen in den Studenten, dass er die Veranstaltung besucht und sich den Stoff selbstständig erarbeitet. Es gibt keine Prüfungen mehr im Zusammenhang, weshalb viel, viel mehr Fachidioten produziert werden. Das war früher auch nicht so. Da konnten Studenten schlendern – heute müssen sie marschieren. [...] Um ein Gehirn wirklich gut entwickeln zu lassen, braucht es Freiräume. Das sieht man ja an Eliteunis. [...] Wenn wir das (die Freiräume) wegnehmen, dann zerstören wir das und machen daraus eine Maschinerie, eine Art Pipeline. Vorn kommen die Jugendlichen rein, und hinten kommen irgendwelche Studenten raus, bei denen dann aber wieder die Industrie sagt: Nein, die* *wollen wir doch gar nicht. Zumindest nicht so. [...] Wir sollten irgendwann anfangen, der Vernunft endlich wieder Raum zu geben, zurückzukommen zu Verhältnissen, in der Dinge großzügiger waren. Und dabei möchte ich nicht sagen, dass früher alles besser war – aber es war langsamer. Auch wieder den Lehrern mehr Spielraum zu geben und sie nicht mit brutalen Lehrplänen damit zu knebeln, am Ende des Schuljahres irgendwo sein zu müssen. Warum geben die Ministerien den Lehrern so wenig Gestaltungs-freiheit? Nehmen wir doch mal mein Fach Physik: Es ist erschütternd, dass heute nicht mehr die elementarsten Dinge gelehrt werden. Durch das Ver-sagen der Schule und der Universitäten verschwindet die Lust am Nach-denken und Hinterfragen, weil man sich nicht mehr traut. Und gar nicht mehr weiß, zu welchen gedanklichen Leistungen man in der Lage ist. Das, was eine demokratische Gesellschaft braucht, sind ja kritische Menschen, die einen Zusammenhang hinterfragen können. Zunächst auf Grundlage ihrer Vorurteile, dann ihrer Meinung und zuletzt auch wegen der Faktenlage. Was wir im Moment erleben ist das Ende der Fakten. Das hat auch damit zu tun, dass auch immer weniger Leute darauf vertrauen, was sie denken. Und dazu muss man nicht studieren, sondern braucht einfach nur genügend positive Rückmeldungen, dass man sich selbst traut. Das Schlimmste, was passiert, ist, dass man sich nicht traut. Wenn man sich nicht traut, kriegt man Angst. Angst erzeugt aber Hass. Sie können das für alle gesellschaft-liche Bereiche nehmen: Wenn sie souveräne Menschen haben, die wissen, wer sie sind und was sie können, ist die Gefahr von Konflikten bei dem Gegenübertreten von etwas Neuem – das können neue Menschen oder aber auch neue Entwicklungen sein – natürlich viel geringer, als wenn sie es mit Leuten zu tun haben, die zutiefst verunsichert sind.*

Unsicherheit führt im Allgemeinen dazu, dass unser Gehirn etwas tut, was es eigentlich nicht tun will, nämlich Angst produzieren – und das ist der schlechteste Ratgeber in allen Lebenslagen. Ich glaube, dass diese

Vernichtung von Optionen für unsere jungen Leute langfristig dazu führen wird, dass wir eine sehr angstbesetzte Gesellschaft bekommen werden, die mit den Herausforderungen, die auf uns zukommen, immer schlechter zurande kommt. Weil die Leute nicht souverän sind und nicht vertrauensvoll in ihre eigenen Handlungen gehen können. Wir hatten das schon einmal in Deutschland.«[9]

Mich stimmen die Aussagen von Harald Lesch deswegen sehr nachdenklich, weil er – wie schon gesagt – nicht unbedingt für verschwörungstheoretisches Gedankengut bekannt ist. Und wenn im Mainstream schon die Verbindung zwischen politischem Willen und industriellen Erwartungen gezogen wird, dann sollten wir das durchaus sachlich und wachsam diskutieren.

Dr. Michael Winterhoff

Ein Mann, der beruflich mit den Auswirkungen dieser Erwartungs-druck-Politik in den Familien zu tun hat und ebenso davor warnt, Kinder unreflektiert zu Stellvertretern des Systems zu machen, ist der Kinderpsychiater und Autor Dr. Michael Winterhoff. Er blickt auf über 30 Jahre Berufserfahrung zurück und skizziert die dramatischen Veränderungen in der Gesellschaft, die sich auf Kinder und Jugendliche auswirken. In seinen Vorträgen spricht er davon, dass Schulabgänger nicht mehr »ausbildungsfähig« sind. Den jungen Menschen fehle jegliche Kompetenz, sich auf berufliche Anforderungen einzulassen. Er bringt ein Beispiel von einem intelligenten, gebildeten und augenscheinlich gut erzogenen 16-Jährigen, dem es völlig an Empathie, sozialer Kompetenz und sittlicher Reife fehlt und der moralisch auf dem Stand eines Kleinkindes ist. Der Grund dafür seien Eltern, die dem Kind niemals Grenzen gesetzt und ihm damit vermittelt haben, es gäbe auch keine. Winterhoff macht nicht das Schulsystem unmittelbar für den Missstand verantwortlich, sondern zeigt diese Entwicklung für alle Wohlstandsländer auf. Die Eltern projizieren sich auf ihre Kinder, wollen für diese nur das Beste und verlieren damit die Distanz zu ihnen. Diese äußerst ungünstige Bindung der Eltern zu den Kindern gehört seiner Beobachtung nach schon zur Normalität. Dr. Winterhoff spricht von bereits rund 70 Prozent emotional gestörten Kindern in Deutschland.[10] Perfekt sein wollen, funktionieren müssen, Autoritätskonflikte meiden, das scheinen die Zutaten zu sein, mit denen die Kinder zu Empathie gestörten Egomanen mutieren und keinen Sinn für soziale Rollen entwickeln können. Solche Menschen haben auf dem Arbeitsmarkt aller Wahrscheinlichkeit nach überhaupt keine Chance auf qualifizierte Tätigkeiten. Es scheint, als würden sie regelrecht für den Billiglohnsektor produziert und Eltern werden hierfür auch unterbewusst instrumentalisiert. Diese Ansicht ist übrigens auch im benachbarten Ausland zu vernehmen.

Prof. Franz Hörmann

Als ich bei meinen Recherchen zu diesem Buch auf den österreichischen Wirtschaftswissenschaftler Professor Dr. Franz Hörmann stieß, war ich fast erschrocken, wie sehr seine Aussagen meine These stützen.

Er schreibt: *»Durch Sprachspiele wie Wortverdrehungen und vorgetäuschte Sachzwänge wird die Bevölkerung für dumm verkauft und mit absurden Scheinargumenten für die große Geld-Umverteilung von den Menschen zu den Bankern gefügig gemacht. Dem Banken-Monopol-Geld wurden Funktionen angedichtet, die dieses schon aus rein logischen Gründen überhaupt nicht erfüllen kann. Dieser Unsinn wird dann auch noch* *in Schulen unterrichtet und abgeprüft, und Jugendliche werden durch das Notensystem darauf trainiert, unfaire und autoritäre Bewertungen mittels Zahlen widerstandslos über sich ergehen zu lassen; so werden sie auf ihre Zukunft als unterbezahlte Arbeitssklaven für die ›Erben- und Eigentümergesellschaft‹ vorbereitet. Der viel beschworene ›Ernst des Lebens‹ besteht dann einfach darin, das stets zu niedrige Gehalt (›Standortwettbewerb‹, ›Arbeitsplatzgefährdung‹ und sonstige Erpressungsargumente der Wirtschaft) mit derselben stoischen Ruhe zu ertragen wie ein ungerechtes ›Nicht Genügend‹ zu Schulzeiten. Auf Leistung achtet dabei keiner. Die meisten Mitglieder unserer selbst ernannten Eliten wissen überhaupt nicht, was Leistung eigentlich ist. Sie verwechseln das mit den Zinsen und Dividenden, die regelmäßig ohne ihr Zutun ihre Konten füllen. Deshalb leben wir ja auch offiziell in einer ›Leistungsgesellschaft‹. [...] Seit Jahrzehnten werden mit den sogenannten Rechts- und Wirtschaftswissenschaften altrömische und mittelalterliche Denkweisen dazu missbraucht, die Bevölkerung zu täuschen und zu unterdrücken. [...] Denkweisen des Altertums [...] werden in autoritären Bildungsinstitutionen unter Notendruck jungen Menschen als Weltbild aufgezwungen; so wirken Schulen und Hochschulen als Gehirnwäsche-Institutionen.«*[11]

In einem Interview rezitierte der Universitätsprofessor den amerikanischen Autor und mehrfach honorierten Lehrer John Taylor Gatto (1935–2018) mit den Worten: *»Er weist in seinen Büchern nach, dass im neunzehnten Jahrhundert seit der Einführung der Schulpflicht das Ziel war, die Menschen mit Verdummung unten zu halten. Also lenkbar und steuerbar zu machen. Und da die Eltern das damals noch wussten, haben sie die Schulpflicht verweigert. Die wollten ihre Kinder nicht zur Verdummung in die Schule schicken. Daraufhin mussten etliche Kinder mit Militäreskorten zur Verdummung in die Schule gebracht werden. Maria Theresia wollte in Wirklichkeit auch nicht unbedingt eine gebildete Bevölkerung, sondern sie wollte Soldaten, die Lesen und Schreiben können und sich* *mit Begeisterung für den Landesvater oder die Landesmutter erschießen lassen.«*[12] Schüler sollten als ungebildetes und gehorsames Kanonenfutter dem Militär dienen. Mit der Industrialisierung wurden dann akustische Signale in der Schule eingesetzt, weil an den Fließbändern nach einem akustischen Signal der Arbeitsgang gewechselt wurde. Franz Hörmann sagt wörtlich: *»Die Schule hatte nie den Auftrag zu bilden!«*[13]

Diese wirklich sehr düstere Aussage ist sicherlich in der heutigen Zeit so nicht mehr haltbar. Andererseits hörten wir zuvor genug Fachleute, die darauf hinwiesen, dass sich einige Prinzipien in den Schulen seit dem 19. Jahrhundert nicht geändert hätten.

Dr. Andreas Salcher

Der österreichische Unternehmensberater und ehemaliges Mitglied des Landtags schreibt in seinem Bestseller: »Der talentierte Schüler und seine Feinde«, alles in der Schule müsse anders werden, so gut wie nichts stimme an unseren Bildungseinrichtungen.

Auch Salcher vertritt die Meinung, dass die gute Schule nur eine Frage des politischen Willens sei. Seiner Ansicht nach hat jedes Kind das Recht auf maximale Förderung seines Bildungspotenzials. Stattdessen sei die Schule in ihrem jetzigen Zustand ein Relikt teils der Industriegesellschaft, teils der Militärerziehung, in der die Schüler nicht individuell unterrichtet würden, sondern standardisiert. Salcher fordert eine Schule, die sich an der Lebenswelt orientiert; draußen im Leben gebe es keine Fächer, dort sei alles interdisziplinär. Er tritt daher entschieden gegen Unterricht mit Themententrennung ein. Wenn ein Schüler all seine Fähigkeiten entwickeln soll, sei Tanzen genauso wichtig wie Mathematik.

Andreas Salcher findet es falsch, wenn man »*Schülern, die in Deutsch gut, aber in Physik schlecht sind, im schwachen Fach zu verbessern sucht, anstatt sich auf ihre Begabungen zu konzentrieren. [...] Die Fähigkeit zu träumen gehört auf den Lehrplan. Die Schule darf ein Kind niemals brechen und dergleichen mehr*«[14].

Es würde mich nicht wundern, wenn einige Leser erschreckt zusammenzucken, wenn sie lesen, dass »Träumen« und »Tanzen« in den Lehrplan aufgenommen werden sollten. Doch lernen, verstehen und letztlich nützliche Fähigkeiten zu entwickeln, geschieht idealerweise mit interdisziplinärem, von Interesse und Begeisterung geprägtem Erfahren von Erfolgserlebnissen. Und nur um zu zeigen, dass die kritischen Stimmen zum Schulsystem nicht vereinzelt sind, sondern einen ganzen Chor aus Experten bilden, dessen Stimme man sich eigentlich nicht mehr entziehen kann, fahren wir fort mit einem weiteren Spezialisten auf dem Gebiet.

Professor Konrad Paul Liessmann
Der österreichische Philosoph, Autor und Bildungsexperte betrachtet die Bildungspolitiker in Deutschland und Österreich daher ebenfalls sehr kritisch. »*Die effizienz- und kompetenzorientierte Schule hindert junge Menschen, die nötige Fantasie und Kreativität zu entwickeln. [...] Die Bildung des Menschen beinhaltet Formung, Entfaltung, Orientierung, Selbstgestaltung und das Gewinnen einer auch ästhetischen Urteilskraft. Bildung lässt sich nicht reduzieren auf den Erwerb von Wissen, aber auch nicht auf den Erwerb von Kompetenzen. Bildung meint immer, wie kann ein Mensch seine Haltung, seinen Charakter, seine Fähigkeiten zu einer Mündigkeit entwickeln.*«[15]

Bildung kennt also letztlich keine definierbaren Ziele, sondern ist ein offener Prozess. Die Bildungspolitik in Österreich und

Deutschland hat seiner Ansicht nach »*gar nichts*« mit der Bildung des Menschen zu tun, sondern es ginge nur um das Schulen und Testen von einzelnen Fähigkeiten. »*Es geht ihr nicht mehr, und da wage ich eine Trendwende zu prognostizieren, um die Inhalte der Bildung. In den Lehrplänen geht es um den Erwerb der Lesekompetenz, aber dabei wird völlig ausgeklammert, was gelesen wird. Dabei sind Inhalte entscheidend. Denn nur diese berühren Menschen. Kompetenzen lassen kalt. [...] Lehrer sollen Lehrer sein. Pädagogen müssen das Gefühl haben, dass sie etwas Wichtiges weitergeben wollen, gern mit persönlicher Färbung und persönlichem Stil. Der gute Deutschlehrer begnügt sich nicht damit, Leseprozesse zu coachen, sondern ist von der Notwendigkeit überzeugt, Kafka, Thomas Mann oder Peter Handke zu lesen.*«[16] Er bescheinigt den Lehrern eine Art selbst auferlegter »Zerknirschungsstrategie« durch »ständige Selbstreflexion und Selbstrechenschaft, ständige Selbstüberprüfung von eigenen Defiziten und dem Nicht-Erreichen von Zielen«.[17]

Paul Liessmann warnt deutlich vor übertriebener, fast gottesfürchtiger Selbstbeobachtung: »*Natürlich braucht man kritische Distanz zu sich und seiner Tätigkeit. Aber wir müssen weg von diesem Phantasma permanenter Kontrollierbarkeit und der permanenten Vergleichtests. Das schafft nur unglückliche Lehrer und damit unglückliche Schüler. [...] In der Antike wusste man, dass Bildungsprozesse keine Arbeitsprozesse sind. Muße bedeutet, dass ich mich mit Dingen um ihrer selbst willen befassen kann und nicht ständig darauf schielen muss: Erreiche ich damit ein Ziel, löse ich damit ein Problem? Nur Freiräume befördern die Bildung. Effizienz allein bedeutet keinen Fortschritt. Gerade heute wäre nichts so sehr nötig wie Fantasie. Die effizienz- und kompetenzorientierte Schule hindert junge Menschen, die nötige Fantasie und Kreativität zu entwickeln.*«[18]

Liessmann prangert, wie viele andere Bildungsforscher, den enormen, aber unnötigen Zeitdruck in den Schulen an. Er sagt:»*Man kann natürlich Zeitordnungen und Lehrpläne an Schulen und Universitäten anders gestalten. Man kann aus den Bildungssystemen den dramatischen Druck nehmen. Wir sind die reichste Gesellschaft aller Zeiten mit der höchsten Lebenserwartung aller Zeiten – wir können problemlos 40 bis 45 Jahre arbeiten und hätten noch viel Zeit für Bildungsprozesse mit Muße. Ich sehe keinen Grund für den Zeitdruck im Bildungssystem. Viele wissen nicht, wie man argumentiert, wie man unterscheidet zwischen Argumenten einer Sache gegenüber und unzulässigen Argumenten einer Person gegenüber. Dabei wäre eine profunde Diskussion mit auch scharfer Kritik hilfreich. Ich sehe eine Paradoxie. Wir machen Bildungseinrichtungen zu schmerzfreien Räumen, wo nichts mehr gedacht werden darf, was jemand als anstößig empfinden könnte. Dieser Hyper-Empfindlichkeit steht gleichzeitig eine Vulgarisierung der Öffentlichkeit gegenüber. Beides ist das Gegenteil von Bildung. Intellektuelle tendieren dazu, das Volk zu bevormunden. Diese Gefahr muss man sehen. Die einfachste Art, sich mit den Positionen des anderen nicht auseinanderzusetzen, ist, ihn zu pathologisieren wie bei der Flüchtlingsfrage. Da wurden Skeptiker zu Kranken erklärt: Islamophobie. Wenn Erwachsene Angst haben, Anstoß zu erregen, führt das zu einer Verkümmerung des Sprech- und Denkvermögens. Es muss aber auch klar sein: Niemand ist verpflichtet, sich mit anderen unter seinem Niveau auseinanderzusetzen. Ich muss mich wirklich nicht mit den primitivsten Vorurteilen und Hassorgien befassen.*«[19]

Professor Liessmann fordert von Bildungskonferenzen, dass es nicht immer nur um Standardisierung gehe und darum, wie man Kompetenzen noch präziser evaluieren, noch effizienter die Arbeitsmärkte bedienen und »*den Internet-Konzernen im Bildungsbereich noch mehr Spielwiesen verschaffen*«[20] kann.

Dipl. soz.-päd. Darius Sobhan-Sarbandi

Bei Weitem nicht so prominent wie die oben zitierten Experten, aber dafür überaus praxiserfahren ist der Dortmunder Sozialpädagoge Darius Sobhan-Sarbandi. Er ist Mitglied in meinem Coaching-Team und unterstützt Menschen täglich beim Auflösen von Blockaden, bei der Stärkung von Kompetenzen und dem Umsetzen von Zielvisionen. Im Jahr 2005 entwickelte der Geisteswissenschaftler mit mir zusammen unsere spezielle Methode des Schülercoachings, auf die ich später im Buch noch zu sprechen kommen werde. Mit dieser konnten Kinder und Jugendliche durch ein anderes Verständnis von Schule ihre Schulnoten in wenigen Wochen verbessern. Aus der Erfahrung mit Hunderten von Kindern kann er bestätigen, dass Schulprobleme immer eine biografische und kulturhistorische Komponente haben, die oft mit tradiertem Erwartungsdruck zu tun hat. In einem Vortrag vor über hundertsechzig Schülern, Eltern und Lehrern stellte mein Kollege dem Publikum folgende Frage: »*Welche Schulnote würden Sie dem jetzigen Schulsystem geben?*«, und fuhr fort: »*Eine wichtige Frage, wie ich finde, da die Schule zwar ihre Schülerinnen und Schüler dementsprechend benotet, aber sich selber einer Benotung entzieht. Nicht das System wäre ja etwa mangelhaft, sondern die Schülerinnen und Schüler. Sie seien es, die zu faul, zu dumm, zu respektlos, zu aufmüpfig, zu unreif wären. Aber sind das nicht alles Adjektive, die leider besser zum Schulsystem passen, als zu seinen ›Insassen‹? Schule ist – noch – kein Ort, an dem Menschen gefördert werden, ihre Talente und ihr Potenzial zu entwickeln, sondern eine Anpassungsfabrik, in der Originale zu Kopien gestanzt werden, Talent unter den Teppich gekehrt wird und die natürliche Freude am Lernen mit jedem Schultag mehr und mehr verloren geht.*«[21] Sobhan-Sarbandi versucht in seinen Coachings nicht nur, Eltern begreiflich zu machen, dass sie mit dem Schulstress ihren eigenen Nachwuchs bedrohen, sondern sogar ein gewisses Mitgefühl für die Lehrer zu vermitteln, denn diese befänden sich in einer ausweglosen Pattsituation zwischen dem wachsenden Widerstand von Schülern und den Anforderungen zur Umsetzung des Lehrplans. Auch hierzu später mehr.

Die politische Bereitschaft zur Veränderung der schulischen Situation scheint auszubleiben. Von der »*Bildungsrepublik Deutschland*«, wie Kanzlerin Merkel sie nannte, sind wir weit entfernt, denn völlig ohne Not gibt es rund 50 000 Schulabbrecher jährlich in Deutschland. Im Jahr 2014 ging fast jeder zehnte Jugendliche ohne Abschluss von der Schule. Das Bildungsmagazin *News4Teachers* spricht von »*programmierten Arbeitslosen*«[22]. Peter Neher, Präsident des Deutschen Caritasverbandes, fordert diesbezüglich mehr politischen Willen von Bund, Ländern und Gemeinden zur besonderen Förderung von Risikoschülern. »*Schulversagen*« sei nicht nur das Problem eines Einzelnen, sagte er der Deutschen Presse-Agentur. Es sei die Politik gefragt, den (oft hilflosen) Eltern und (oft überforderten) Lehrern zur Seite zu stehen. Der volkswirtschaftliche Schaden, den der Steuerzahler angesichts dieser Flut intelligenter Menschen, die durch das Schulsystemraster fallen, zu tragen hat, ist immens: Bildungsökonom Prof. Ludger Wößmann vom ifo – Leipniz-Institut für Wirtschaftsforschung – nennt die Zahl: »*Die Folgekosten unzureichender Bildung durch entgangenes Wirtschaftswachstum summieren sich innerhalb der kommenden achtzig Jahre – der Lebensspanne heute geborener Kinder – auf rund 2,8 Billionen (2800 Milliarden) Euro.*«[23]

Ich finde diese Menge an Expertenmeinungen ausreichend überzeugend! Offenbar sind sich die Fachleute darin einig, dass dieses bestehende Schulsystem den Schülern allzu oft eher schadet und dem Arbeitsmarkt bestenfalls würdelose Handlanger liefert, die jeder Chance beraubt wurden, sich auf dem freien Markt mit individuellen Kernkompetenzen selbstständig zu machen. Wem jetzt hier noch nicht genug vor Augen geführt wurde, dass Schulen nicht dazu da sind, Ihre Kinder zu fördern und zu bilden, sondern im Gegenteil, einen niveaulosen Einheitsbrei aus den Potenzialen der Kinder anzurühren, werfe bitte einfach einen Blick in den Schulalltag.

Beispielsweise habe ich neulich von einer Lehrerin gehört, dass in eine gewöhnliche deutsche Grundschulklasse Migrantenkinder gesetzt werden, die kein Wort Deutsch sprechen, wohl in der Absicht, dass diese dadurch automatisch die deutsche Sprache erlernen. Nun ist es aber so, dass kein Lehrer diese ausländischen Kinder stundenlang wie Taubstumme herumsitzen und sich ihrem Schicksal überlassen will. Zum Glück bringen Lehrer so etwas nicht fertig, sondern versuchen mit besonderer Geduld und Zuwendung, die sprachlichen Defizite auszugleichen, damit das Migrantenkind eine Chance hat mitzukommen. Der Rest der Klasse wird dann allerdings durch die zusätzliche Beschäftigung mit der Sprache anstelle mit den eigentlichen Lerninhalten sowie dem Absenken des Sprachniveaus im Lerntempo enorm gebremst. Das Ergebnis: Die Eltern der Deutschen sind empört, die Lehrer überfordert, und die Ausländer fühlen sich wie unliebsame Fremdlinge. Es soll mir kein Kultusminister und keine Lehrplankonferenz erzählen, dass dies nicht abzusehen war. Genau das gleiche Dilemma gibt es bei der Inklusion, wo seit einiger Zeit Kinder mit Behinderung mit Nichtbehinderten in Klassen gemischt werden. Mit etwas Glück fühlen sich die Gehandicapten nicht als »Bremser«, »Außenseiter« und »Behinderte«. Mit Glück fühlen sich die anderen nicht gestört, benachteiligt und zur besonderen Rücksichtnahme gezwungen. Aber wollen wir das Wohl unserer Kinder vom Faktor »Glück« abhängig machen? Das wäre so, als würde ein Monsanto-Vorstandsvorsitzender einen Regentanz machen, damit das Saatgut, das der Konzern verkauft, auch wirklich auf dem Acker des Landwirtes aufgeht.

Übrigens, nur um darüber gesprochen zu haben: Laut § 20 Artikel 1, Absatz 2 der Allgemeinen Dienstordnung für Lehrer und Lehrerinnen, Schulleiter und Schulleiterinnen an öffentlichen Schulen in NRW (ADO) hat ein Schuldirektor die Verantwortung für die Bildungsarbeit an seiner Schule.

»Dem Bildungs- und Erziehungsauftrag der Schule entsprechend soll der Schulleiter oder die Schulleiterin dafür Sorge tragen, dass neue Erkenntnisse und Ergebnisse der Fach- und Erziehungswissenschaften in die schulische Arbeit eingebracht werden.«[24] Da die ADO Bestandteil des Schulverwaltungsgesetzes ist, macht sich ein Schulleiter genau genommen strafbar, wenn er die Erkenntnisse der oben genannten Forscher und Wissenschaftler nicht im Schulalltag umsetzt. Aber bevor Sie jetzt mit dem Gesetzbuch in der Hand auf den Direx losgehen – Absatz 1 des gleichen Paragrafen zwingt ihn dazu, darauf hinzuwirken, »dass der Unterricht den Richtlinien und Lehrplänen entspricht«. Also vergessen wir die Revolte gleich wieder. Solange sich die Richtlinien und Lehrpläne nicht ändern, ändert sich im Unterricht gar nichts.

Meiner Ansicht nach ist Schule damit eine gesellschaftlich institutionalisierte Demütigungsanstalt, geschaffen, um Kindern den Willen zu brechen und ihre Kreativität und Intelligenz abzutöten. Da das politisch und wirtschaftlich gewollt zu sein scheint, wird das Schulsystem wohl noch eine Weile so fortbestehen. Wenn wir also nicht die Schule verändern können, bleibt folglich nur eines.

Beschützen Sie Ihr Kind vor der Schule!

Zur Einstimmung auf dieses Kapitel möchte ich den Brief eines Schulleiters an die Eltern seiner Schüler voranstellen. Dieser Brief kursiert seit einigen Jahren im Internet. Und selbst wenn dieser Brief noch nicht einmal authentisch sein sollte, er bringt etwas sehr Wichtiges auf den Punkt. Lesen Sie selbst:

»Liebe Eltern,
die Prüfungen Ihrer Kinder stehen bevor. Ich weiß, dass Sie alle hoffen, dass Ihr Kind gut abschneiden wird. Aber bitte denken Sie daran, dass unter den Schülern bei der Prüfung ein Künstler sein wird, der Mathe nicht verstehen muss. Unter ihnen ist auch ein Unternehmer, dem die Geschichte der englischen Literatur egal ist. Unter ihnen ist ein Musiker, dessen Chemie-Note nicht wichtig ist. Wenn Ihr Kind gute Noten bekommt, dann ist das super. Und wenn das nicht der Fall ist, dann rauben Sie ihm bitte nicht sein Selbstbewusstsein und seine Würde. Sagen Sie Ihrem Kind, dass es okay ist. Es ist nur eine Prüfung. Ihr Kind ist für viel größere Dinge bestimmt. Sagen Sie Ihrem Kind, dass Sie es lieben und es nicht verurteilen werden, egal welche Noten es bekommt. Sie werden sehen, wie Ihr Kind die Welt erobern wird. Eine Prüfung oder eine schlechte Note wird es nicht seines Talents berauben. Und bitte glauben Sie nicht, dass Ärzte und Ingenieure die einzigen glücklichen Menschen auf der Welt sind.
Ihr Schulleiter«[25]

Wie ich sagte: auf den Punkt, oder? Einige Eltern glauben zwar, dass Disziplin und Ehrgeiz erforderlich wären, damit aus den Kindern etwas werden könne. Andere merken jedoch an, dass es das Schulsystem selbst sei, dass diesen Notenstress verursache. Ich für meinen Teil empfehle dringend: Nehmen Sie den Druck raus, und machen Sie sich nicht zum Hilfssheriff des Schulsystems. Die Schule ist nicht die wichtigste Zeit im Leben eines Menschen und ohnehin nicht die längste. Und vergessen Sie Nachhilfe – die ist hier nicht die Lösung. Mit einem Umsatzvolumen von rund einer Milliarde Euro pro Jahr in Deutschland (2019) stützen Eltern damit doch auch noch das Symptom des kranken Schulsystems. Zu Hause auf Privatrechnung ausbügeln, was in der Schule mit Steuergeldern verbockt wurde, hilft keinem. Nachhilfe zeigt dem Kind – und seinen Mitschülern – nur, dass es offenbar ein schulischer Problemfall ist. Das ist nicht besonders gut fürs Selbstwertgefühl.

Schule muss auch nicht »Spaß machen«, denn zum Spaß haben geht man nicht in die Schule. Schule muss einfach wieder erträglich für alle Beteiligten werden, denn das ist sie nicht, wenn man Lehrer, Eltern, Schüler oder Schulleiter fragt.

Irgendwann ist die Schule ohnehin vorbei, und niemand interessiert sich danach ernsthaft für die Noten aus dieser Zeit. Noten sind selbstverständlich nicht völlig egal, aber man sollte es auch nicht damit übertreiben. Das zum Beispiel ist bei der Jobsuche ein wichtiges Detail. Ein kluger Personalleiter, der diese Bezeichnung auch verdient, weiß, dass eine schlechte Schulnote lediglich etwas darüber aussagt, ob sich der Lehrer vom Schüler verstanden fühlte oder nicht. Und wenn ein Schüler permanent und ausschließlich »Einser« auf dem Zeugnis hat, so ist das meiner Ansicht sehr verdächtig, zeigt dies doch, dass das Kind entweder völlig unterfordert ist oder sein nicht schulisches Leben offenbar aufgegeben hat, also sich rein nur noch in der sozialen Rolle als Schüler bzw. als Sohn/Tochter und nicht als mündiger, eigenständiger Mensch definiert. Ein solcher Mensch ist in der akuten Gefahr, sich von Bewertungen anderer abhängig zu machen.

Natürlich wollen Sie das Beste für Ihr Kind. Doch wenn Sie nun denken, dass ein Schüler mit einem Einser-Zeugnis die größten Chancen hat, in seiner künftigen beruflichen Anstellung glücklich zu werden, weil er sich ja jede gewünschte Stelle aussuchen kann, so irren Sie. Es gibt weder eine bewiesene Korrelation zwischen Arbeitszufriedenheit und dem Gehalt noch eine absolute Beziehung zwischen dem Gehalt und den Schulnoten. Mehr noch: Sie können davon ausgehen, dass ein »Summa-cum-laude-Student« aller Wahrscheinlichkeit nach durch die Abhängigkeit von Anerkennung eher ein gefundenes Fressen für Erfolgsausbeuter wird, die ihn eines Tages an den Rand eines Burn-outs bringen. Bleiben Sie also bitte auf dem Teppich und verhindern Sie schulisches Extremverhalten. »Zu gut« ist genauso gefährlich wie »zu schlecht«! Wer permanente Höchstleistungen verspricht, der wird darauf festgenagelt, sie auch gefälligst permanent zu bringen. Ein belastbares Zeugnis hingegen lässt Raum für gelegentliches Mittelmaß.

Die erfolgreichsten und zufriedensten Menschen sind nicht die mit den perfektesten Schulnoten, sondern wohl eher diejenigen, die flexibel, frustrationstolerant und selbstsicher ihre eigenen Visionen im harmonischen Miteinander verwirklichen. Ich kenne sehr viele Eltern, die sich wegen eines einzigen »Befriedigend« auf dem Zeugnis Sorgen um das Kind machen und in Förderaktivismus verfallen. Man sollte sich hier eher Sorgen um das Kind wegen solcher Eltern machen. Der oben schon zitierte Kinderpsychiater Dr. Winterhoff spricht von ganz normalen Eltern, die aus purer Verzweiflung und Überforderung in einem gewissen »Förderwahn« ihre Kinder massiv unter Druck setzen, bis die sogar krank werden. Die eigene Angst vor dem Scheitern wird dabei unbewusst auf das Kind übertragen. Eltern, die selbst Angst vor dem Versagen haben, projizieren sich auf die Kinder und wollen sie mit aller Macht vor den eigenen Befürchtungen schützen. Hierdurch verlieren die Kinder die Notwendigkeit und auch die Fähigkeit, soziale Kompetenzen, Frustrationstoleranz, Empathie oder auch nur Problemlösungsdenken zu entwickeln. Sie sind gewöhnt, dass die Eltern alles regeln, und bleiben von der Reife der Persönlichkeit her in der Kindheit stecken.

Die erste Sechs ist die schlimmste

Als ein Beispiel dafür, wie man Kinder vor der Schule beschützt, erzähle ich in meinen Vorträgen manchmal folgende private Geschichte: Als meine damals elfjährige Ziehtochter eines Tages einmal überaus niedergeschlagen von der Schule (Gymnasium) nach Hause kam und sich eigentlich sofort in ihr Zimmer verkrümeln wollte, begrüßte ich sie betont gut gelaunt und fragte sie scheinbar ganz unbedarft, was denn los sei. Sie entgegnete mit zusammengepressten Zähnen: »Wir haben die Mathearbeit wiederbekommen.« Damit war klar, dass das weder eine Vier (die kannte sie schon aus der Grundschule) noch eine Fünf (auch damit hatte sie kürzlich schon einmal Bekanntschaft gemacht), sondern ein Volltreffer daneben war – eine Sechs. Ich sagte zu ihr: »Hey, komm mal her. Setz dich.« Sie sah mich an wie jemand, der gleich eine zehnjährige Haftstrafe wegen Nasenbohrens bekommt, und war den Tränen nahe. Ich sagte zu ihr: »Schätzchen, das ist deine erste Sechs, nicht deine letzte. Du wirst in deiner Schulzeit noch soo viele Sechsen und Fünfen schreiben. Na und? Das habe ich doch auch getan. Das ist doch nicht schlimm. Hat mich das daran gehindert, mein Abi zu machen und zu studieren? Nein! Also, es interessiert doch niemanden wirklich, welche Schulnoten du mal hattest. Wichtig ist doch nur der Durchschnitt in deinem letzten Zeugnis, denn damit machst du dir die Tür zu weiteren Möglichkeiten auf oder zu. Außerdem zeigt die Sechs doch nicht, ob du intelligent oder dumm bist, die zeigt doch nur, dass deine Mathelehrerin nicht in der Lage war, dir Mathe beizubringen, sonst hättest du doch keine Sechs. Und sie zeigt, dass du nicht bereit warst, es ihr zu ermöglichen, sonst hätten ja alle in der Klasse eine Sechs. Also: ›Sechs für unfähige Lehrerin‹ und ›Sechs für kleine Zicke‹, aber nicht ›Sechs für dummes Mädchen‹!« Sie können sich vorstellen, dass die Kleine mich in dem Moment genauso fassungslos ansah, wie Sie jetzt selbst wahrscheinlich gerade gucken. Ich fuhr fort: »Außerdem willst du doch sowieso Sängerin werden, was willst du denn mit Mathe? Gleiche das doch einfach mit irgendetwas anderem wieder aus.« Was soll ich Ihnen sagen? Die nächste Mathematikarbeit wurde eine Zwei, nicht weil sie dafür paukte und büffelte, sondern weil sie keine Angst mehr vor dem Ergebnis hatte. Das ging so weit, dass sie später sogar Mathematik im Leistungskurs als Abifach wählte. Mittlerweile ist sie erwachsen, studiert an der Uni »Populäre Musik und Medien« und komponiert mit Erfolg ihre eigenen Songs.

Lass den Frosch wieder hopsen!

Gerade Mathematik ist etwas, womit man Menschen sehr schnell überfordern und entmutigen kann. Ich kann mich sehr gut daran erinnern, dass uns in der Schulzeit (in den 1980er-Jahren) gesagt wurde, ohne Mathematik könnten wir keine Arbeit bekommen. Nun, ich hatte bis zum Schluss der Schulzeit eine Sechs in Mathe. Aber ich bin darüber sehr froh, dass ich keine Arbeit bekommen habe, denn ich finde, Arbeit macht krankheitsanfällig. Außerdem bin ich mit meiner Berufung durchaus ausgelastet und zufrieden. Überdies muss ich doch in meiner beruflichen Tätigkeit nicht alles selbst können. Wenn ich für irgendetwas einen Rechenkünstler brauche, etwa für Statistik, Baustatik oder Finanzkram, dann beauftrage ich einen, und wenn der für irgendein Problem einen Psychologen braucht, etwa weil seine Ehe in die Brüche geht oder seine Kinder in der Schule versagen, dann kann er ja mich beauftragen. Ich koste das Gleiche wie er.

In der Schule verlangen wir von den Fröschen, sie sollen zwitschern und fliegen; und von den Vögeln, sie sollen quaken und hopsen. Und alle schaffen diese Anforderungen nur mit äußerster Mühe und halten sich für Versager. Wie wäre es damit, einfach den Frosch wieder hopsen und den Vogel wieder fliegen zu lassen?

Es gibt Schüler, die ein gutes Verständnis für Zahlen und weniger für Worte haben. Einige verstehen komplexe Zusammenhänge gut und andere brillieren in Kunst. Albert Einstein lernte erst mit fünf Jahren sprechen, und seine Eltern hatten schon den Verdacht, mit dem Jungen stimme etwas nicht. Auch ist von ihm bekannt, dass er in der Schule in Physik eine Fünf kassierte.

Wenn ein Schüler also mit den schulischen Herausforderungen eigenständig zurechtkommen soll, dann braucht es einerseits Ihr Vertrauen und andererseits das Wissen darüber, was Schule ist und wie man da am besten durchkommt. Machen wir weiter mit einem neuen Verständnis für Lehrer.

Lehrer sind keine schülerquälenden Sadisten

Manchmal kann ich kaum glauben, was Kinder und Jugendliche von ihren Lehrern denken. Aber Äußerungen wie »Der hat einfach Spaß daran, uns zu quälen!« und »Die Deutschlehrerin hasst die ganze Klasse!« sind leider nicht ungewöhnlich. Einige Schüler, mit denen ich gesprochen habe, glauben wirklich allen Ernstes, dass ihr Lehrer ein Sadist ist. Doch wie kommen die Schüler zu solchen Einschätzungen? Angesichts der obigen Feststellung, dass es offenbar wirtschaftspolitisch gewollt zu sein scheint, durch Selbstwertstörungen die Ambition auf hohe Lohnforderungen künftiger Angestellter zu unterbinden, liegt ein solcher Gedanke sicherlich nicht ganz fern. Aber rechtfertigt das solche Einschätzungen? Nun, zum einen steckt dahinter sicherlich ein angespanntes Verhältnis zur Lehrperson, denn so redet wohl kein Schüler über einen Lehrer, den er persönlich mag. Zum anderen verbirgt sich dahinter auch die Unfähigkeit, ein solches Lehrerverhalten zu deuten, sowie das kindliche Bedürfnis, einen Schuldigen für die eigenen Probleme zu suchen. Gerade Kindern, die den Verlust elterlicher Aufmerksamkeit erlitten und nicht verarbeitet haben, fühlen sich bei Konflikten machtlos. Ihnen fehlt die Erfahrung, dass sie selbst einen Einfluss auf die Dauer und Tiefe der sozialen Beziehung haben. Also den harmonischen und klärenden Verlauf eines Gespräches erzeugen können. Das »Opferdenken« übersieht, dass der Beschuldigte lediglich auf das Verhalten des Schülers reagiert und nicht etwa ein proaktiver Täter ist. So lautet dann die eigene Rechtfertigung für eine gestörte Beziehung, dass der andere einen hasst oder sonst wie gestört ist. Ein tiefes Ohnmachtsgefühl einer Autorität gegenüber, verbunden mit der fehlenden Sozial- und Konfliktkompetenz, führt wohl zu derartigen Beurteilungen.

Nicht selten projizieren Kinder ihre eigenen Eltern auf die Lehrperson. Eltern stellen für ein Kind eine Autorität dar, allein deswegen, weil Eltern die Kontrolle über kindliche Bedürfnisbefriedigung innehaben. Eltern entscheiden, ob und wann das Kind etwas darf und wie dies bewertet wird. In unserer Gesellschaft machen Kinder zunächst alle die gleiche Erfahrung: Eltern sitzen am längeren Hebel. Wenn dann dieser »Machtvorsprung« als »Machtmissbrauch« erlebt wird, sich das Kind also unverstanden fühlt, wird es der Autorität gegenüber reservierter. Eine Lehrperson erfüllt leider die gleichen Kriterien. Ein Schüler darf nur, was der Lehrer erlaubt. Nun haben Menschen aber das innige Bedürfnis nach Verwirklichung ihrer eigenen Absichten – koste es, was es wolle! – und versuchen somit bei erster Gelegenheit, ihre eigenen Entscheidungen durchzusetzen. Und da sind die Lehrer sogar den Eltern gegenüber schlichtweg im Nachteil, weil die autoritätsgeschädigten Kinder bei Ablehnung durch die Lehrer nicht so ernste Sanktionen zu befürchten haben wie bei den Eltern.

Wenn man einem Lehrer auf der Nase herumtanzt, kann der zwar ausrasten und schlechte Noten verteilen, er kann aber nicht das Taschengeld streichen, Stubenarrest verhängen oder eine Woche lang mit Anschweigen strafen. Der Liebesentzug der Lehrer ist nicht so schmerzhaft wie derjenige der eigenen Eltern. Insofern versuchen Kinder nicht selten, ihre bevormundungs-getriggerten Ohnmachtsgefühle bei Lehrern abzureagieren (genauer, zu kompensieren). Kinder suchen persönliche Schwächen des Lehrers und nutzen diese Autoritätslücken reflektorisch für eine Machtdemonstration aus. Da braucht einem Lehrer nur im Unterricht ein Stück Kreide hinunterzufallen, schon fangen die angespannten Schüler an zu lachen. Ganz schlimm ist, wenn einem Lehrer mal ein Fehler passiert, wie es mir eine befreundete Lehrerin einmal erzählt hat: Sie verwechselte im Deutschunterricht (!) die Künstler Édouard Manet und Claude Monet, beides Pariser Maler um die Mitte des vorletzten Jahrhunderts mit durchaus vergleichbaren Stilen. Und die Nachnamen – und nur um die ging es – sind zum Verwechseln ähnlich. Angeblich haben sich die Schüler für den Rest der Stunde vor Häme nicht mehr eingekriegt, ein Unterricht war aufgrund der Unruhe nicht möglich.

Und was macht ein Lehrer, wenn er spürt, dass seine Grenzen getestet werden? Er versucht, sachlich zu bleiben. Und was passiert, wenn das in jedem Schuljahr bei jeder Klasse zum Normalfall wird? Er wird stressanfällig, und das wiederum ist die Schwachstelle, auf die viele Kinder gewartet haben, um sie auszunutzen. Ich persönlich weiß von einer Vielzahl von Lehrern, die diesen Druck nicht ausgehalten haben und entweder alkohol- oder medikamentenabhängig wurden oder sich sogar das Leben nahmen. Ich selbst wurde einmal Zeuge, wie einige Mitschüler aus der Parallelklasse unsere Physiklehrerin, nur weil sie sich morgens etwas Rouge und Lidschatten aufgelegt hatte, mit Sprechchören wie »Schminktöpfchen, geh nach Hause« aus dem Klassenzimmer mobbten. Diese Lehrerin war zwar jung und eigentlich nett und attraktiv, aber sie hatte auch keine Scheu, unter den Antiphysikern in der Klasse Sechsen zu verteilen. Das wurde ihr vom Klub der schwer Erziehbaren übel genommen. Den massiven Gegendruck hielt diese Lehrerin nicht aus. Sie reichte eine Woche nach dem Vorfall ihre Versetzung ein.

Ich weiß nicht, was aus ihr geworden ist, und hoffe, dass sie nicht zu den tragischen Fällen gehört, die sich selbst aus dem Schulleben entfernen. Bei denjenigen, die nicht den Weg in die Selbstzerstörung wählten, schallt es folglich irgendwann genauso aus dem Wald heraus, wie es zuvor von anderen mächtig hineingeschallt hat. Wenn also ein Lehrer für Schüler ungenießbar wird, so ist das eigentlich ein Hilferuf, der zeigt, dass das Fass bereits überläuft. Und das ist die große Chance für Ihr Kind! Wenn Sie Ihrem Kind nun erklären, dass seine Lehrer keine kinderhassenden Sadisten, Psychopathen oder Menschenfresser sind, aber auch keine Elternersatzbeamten, sondern Menschen, die einst mit Begeisterung etwas studiert haben, um es Kindern beizubringen, und selbstverständlich total frustriert sind, wenn Kinder sich dafür nicht interessieren oder sogar den Unterricht sabotieren, dann kann Ihr Kind tatsächlich sogar ein gewisses Verständnis für den Lehrer entwickeln. Wie würde wohl ein Lehrer reagieren, wenn auch nur ein einziger Schüler, der zuvor mit deutlich sichtbarer Angst, Vorbehalten und Unmut in der Schulbank saß, plötzlich Interesse und Vertrauen signalisierte? Eben! Ein solcher Lehrer würde sich vielleicht nicht gerade eine Kerbe in den Zeigestock ritzen für einen besonders guten Tag, aber er würde sicher etwas besser gelaunt durch die Unterrichtsstunde kommen und – möglicherweise – etwas weniger Hausaufgaben aufgeben. Und da hätte sich der Einsatz doch schon gelohnt.

Schüler, motiviert eure Lehrer!

Lehrer haben wirklich nichts zu lachen – aber leider hat sie niemand vor den Schattenseiten dieses Berufes gewarnt. Ich habe während meines Studiums viele junge Lehramtsstudenten kennengelernt. Sie saßen gemeinsam mit uns Pädagogen in den Seminaren für Didaktik, der Technik der Wissensvermittlung. Diese gehören bei Lehramtsstudenten zu den Pflichtveranstaltungen. Und genauso unmotiviert, wie dies zu erwarten war, saßen einige ihre Zeit in den Hörsälen ab und warteten darauf, ihren »Schein zu machen«, also ein Referat zu halten, um die Teilnahme am Seminar bescheinigt zu bekommen. Abgesehen davon, dass ein müde gehaltenes Referat über die Zusammenfassung von Lerntheorie noch lange kein Beweis dafür ist, dass ein Mensch didaktische Fähigkeiten hat, so zeigte sich auch, dass der Druck der Universität auf den Lehrernachwuchs ganz explizit im fachlichen Bereich liegt. Ein künftiger Lehrer soll offenbar besser in seinen Unterrichtsfächern sein als in der Kompetenz, dieses Wissen zu vermitteln. Allein das erklärt, warum Lehrer oftmals wahre Inselbegaten in ihrem jeweiligen Hauptfach sind, aber mit der Frage, wie man diesen Stoff nun anderen vermittelt, völlig überfordert sind. Ich weiß, dass die eigentliche Berufsmotivation vieler Lehrer ist, Kinder für etwas zu begeistern, was sie selbst faszinierend finden. Ob das die Begeisterung für die römische Geschichte oder für Primzahlen, für die Eleganz einer Fremdsprache oder den Zusammenhang zwischen Weltklima und brasilianischem Regenwald ist – in keinem Fall hoffen Lehrer, dass die Schüler diese Themen hassen, ja, sie rechnen noch nicht einmal damit. Problematisch wird es doch erst, wenn sich ein Lehrer qua Vorgabe dazu genötigt fühlt, etwas durchzupauken oder gar einen Stoff zu vermitteln, der ihn selbst anödet. Es ist ja nicht so, dass alle Lehrer grundsätzlich darüber jubeln, die Kryptologie der Shakespeare-Sonette oder den ästhetischen Einfluss der Spätromantik auf den Expressionismus an Pubertierende verkaufen zu müssen. Immer zeigte sich aber, dass es den Unterricht enorm entspannte, wenn die Schüler zumindest versuchten herauszufinden, wozu ein Thema interessant sein könnte, und dem Lehrer sogar etwas dabei halfen, ihnen dieses zu vermitteln.

Ich weiß aus eigener Erfahrung und aus der Praxis mit Hunderten von Schülern, dass ein Lehrer schlichtweg dankbar ist, wenn der Schüler nicht nasebohrend aus dem Fenster glotzt, unter dem Tisch mit seinem Handy rumdaddelt, einfach ignorant mit dem Nachbarn schwatzt oder nicht losblökt wie ein BSE-krankes Schaf, nur weil dem Lehrer mal ein Stift herunterfällt oder er den Vornamen des neuen aserbaidschanischen Mitschülers falsch ausspricht. Schule ist sicher keine Wellnessveranstaltung von hohem Unterhaltungswert. Im Gegenteil, die Schulstunde muss irgendwie »rumgekriegt« werden, klar. Aber Schüler und Lehrer sitzen hier definitiv im gleichen Boot – mit dem Unterschied, dass der Lehrer aus diesem nicht aussteigen kann. Für den Schüler ist Schule irgendwann vorbei – doch bis zum Ruhestand des Lehrers dauert es wesentlich länger. Der Lehrer ist ein schützenswertes Wesen, das doch nur versucht, den Kindern mit seinen Mitteln irgendwie irgendetwas beizubringen. Echte Naturpädagogen, die mit einer Horde gelangweilter Kleinkrimineller oder verängstigter Borderliner gut zurechtkommen, sind in Schulen eher selten, und sollte es sie geben, wären diese Genies maßlos unterbezahlt. Meistens sind Lehrer Menschen, die spätestens nach zehn Dienstjahren von einer besseren Welt träumen und sich dabei Verbündete wünschen. Es ist doch für einen Schüler nichts leichter, als mit dem jeweiligen Lehrer Frieden zu schließen, denn der ist zumeist nicht der Grund, warum es in der Schule nicht klappt.

Wir fragen im Schülercoaching die Kinder und Jugendlichen immer, ob sie in den Problemfächern einen Konflikt mit dem Lehrer haben. Wundert es hier irgendjemanden, dass Schüler, die in einem Fach sehr schlechte Noten bekommen, meist auch ein ebenso schlechtes Verhältnis zu ihrem Lehrer haben? Aber umgekehrt ist es eben oft genauso: Hat der Lehrer die argwöhnische Feuerprobe, den Sympathietest und das Ausloten der Toleranzgrenzen erfolgreich bestanden und ist das Schüler-Lehrer-Verhältnis somit in Ordnung, ist für beide die Arbeit leichter – und das sieht man auch an den besseren Noten. Ein Lehrer ist dankbar für ein gutes Betriebsklima – aber das scheint eben immer seltener zu werden.

Vor allem in Gegenden, wo die Schüler aus überwiegend autoritären Familien oder sozial entwicklungsfähigem Milieu kommen, wie etwa in den Ballungsgebieten der Großstädte, wo es viele un- oder weniger qualifizierte Arbeitsplätze gibt, wohnen Menschen mit einem nur geringen Anspruch an das Leben oder die soziale Gemeinschaft. Und da sind dann eben auch viele Kinder, die ihre erworbenen Selbstwertstörungen am Lehrer auslassen.

Nicht nur in den Klassen, sondern auch im Lehrerzimmer, so habe ich es bei meinen Schulbesuchen oft genug erlebt (eigentlich immer!) gibt es verschiedene Lager mit verschiedenen Meinungen, bis hin zu offenen Grabenkämpfen zwischen Konservativen, Reformisten und Resignierten. Doch nicht nur die Schüler, sondern auch seine Kollegen kann sich der Lehrer leider nicht aussuchen. In den meisten Betrieben, Organisationen und Arbeitsstätten gibt es zumindest geringe Möglichkeiten, auf Personalentscheidungen Einfluss zu nehmen. In der Schule ist das anders.

Hierarchie in der Schule

Als ich erstmals erfuhr, dass ein Schulleiter überhaupt keine Personalentscheidungen fällen kann, war ich erstaunt. Ein Chef, der niemanden feuern kann, ist das dann ein Chef? Da gab es an einem deutschen Gymnasium den Fall eines Lehrers, der nicht nur didaktisch, fachlich und menschlich eine Niete war, sondern zudem Alkoholiker und Choleriker. Rein formal hat er sich allerdings beruflich nichts zuschulden kommen lassen, das heißt, er war stets pünktlich und erfüllte das Soll der Lehrpläne. Obwohl massenweise Beschwerden gegen den Mann, sowohl vom Kollegium als auch von der Elternschaft, vorgetragen wurden, stützten übereifrige Eltern versehentlich seine Position. Sie ermahnten ihre Kinder zu Disziplin und Gehorsam, und hielten sie dazu an, ihre Freizeit dafür zu opfern, den im Unterricht nicht vermittelten Stoff aus dem Lehrbuch selbsttätig zu lernen. Das wiederum hatte den Effekt, dass eben nicht die ganze Klasse vollends versagte, sondern nur ein Teil. Dies konnte der Lehrer als Argument benutzen, dass es nicht sein Unterricht sei, der den anderen Kindern solche Schwierigkeiten bringe. Normalerweise müsste man derartige Berufsverfehler sofort aus dem Schulbetrieb entfernen, aber das geht nicht so einfach. Erst wenn das Schulverwaltungsamt nach massiven dokumentierten und bezeugten Beschwerden beschließen sollte, den Lehrer zu versetzen, wären Schüler und Kollegen von ihm befreit. Und wenn es keine Schule weit und breit gibt, zu der man die Lehrkraft strafversetzen kann, bleibt alles, wie es ist. Bis dahin können unmotivierte Lehrer eine Menge Schaden anrichten.

Kein Wunder, dass Mobbing und Bossing (Mobbing vom Chef ausgehend) in Lehrerzimmern keine Seltenheit sind. Ich kenne die Geschichte von einem Schulleiter, der einen Lehrer dazu nötigen musste, seinen eigenen Versetzungsantrag zu unterschreiben. Schön ist das nicht, doch einige wenige Menschen wählen den Lehrerberuf offenbar nicht, weil sie die Tätigkeit lieben, sondern weil sie erhoffen, den Beamtenstatus zu erreichen und materielle Sicherheit zu erlangen. Und die Kinder leiden darunter. Dennoch kann man auch als Schüler mit solchen Anti-Lehrern die Kurve kriegen, denn was will ein Lehrer? Er will *lehren* – nicht etwa *lernen!* Und genau das kann man ja nutzen. Es ist ein erster Schritt für den Schüler, in der Unterrichtsstunde herauszufinden, was der Lehrer an dem Stoff so faszinierend findet. Dazu braucht man ihn lediglich zu fragen. Allerdings muss die Frage auch tatsächlich eine echte, offene Frage sein und kein vollstrecktes Werturteil. Über die Kunst, eine Frage so zu stellen, dass sie wirklich eine Frage ist und daher auch ehrlich beantwortet werden kann, könnte man ein ganzes Buch schreiben. Aber ein echtes Interesse wird stets erwidert, wenn zuvor Vertrauen aufgebaut wurde. Da kann man gar nichts mit falsch machen.

Nun haben einige Schüler Angst, dass sie, wenn sie sich plötzlich in der Schule nicht mehr wie grenzdebile Terrortermiten be-

nehmen, von den Mitschülern als »Schleimer«, »Arschkriecher«
und »Speichellecker« angesehen werden. Nun, auf das Thema, wie
man mit Mobbern gewaltfrei fertig wird, komme ich später noch
zu sprechen. Jedenfalls sind Schulen streng hierarchisch organi-
siert, selbst wenn diese Hierarchie zum einen verleugnet wird und
zum anderen sich sehr im Hintergrund abspielt, ähnlich wie bei
einer Schafherde, die zwar vom Hund zusammengebellt wird, der
aber auch nur durchsetzt, was der Schäfer ihm gebietet. Weder die
Lehrer noch die Schulleitung haben wirklich einen Einfluss darauf,
was an ihrer Schule geschieht. Letztlich sind alle Leidtragende in
diesem System. Das zeigt sich auch besonders am Elternsprechtag
– oft gefürchtet als der »Tag der Abrechnung« – der Albtraum von
Kindern, Eltern, Schulleitern und Lehrerkollegen. Wer genau ist
hier eigentlich der Gewinner? Ich höre oft, dass Elternsprechtage
mal wieder für einen ordentlichen Schlagabtausch hergehalten
haben. Eltern bedrohen Lehrer mit juristischen Schritten und be-
zichtigen sie der pädagogischen, sozialen, fachlichen und menschlichen Inkompetenz. Einer Lehrerin wurde eine Klage angedroht,
nur weil sie Kevin, Rechtsanwaltssohn und Prinz auf der Erbse,
im Unterricht darauf hingewiesen hatte, er hätte Chantalle keinen
Kaugummi in die Haare zu kleben brauchen, weil sie ihn nicht von
sich abschreiben lassen wollte. Krank? Absurd? Nein, leider nicht
ungewöhnlich.

Am 9. Mai 2019 wollten in Dortmund drei Schüler ihren Lehrer Wolfgang W. mit dem Hammer erschlagen. Der Vater, Recep
S., sagte über die Tatbeteiligung seines überführten Sohnes Serkan: »Weder ich glaube daran noch die Familie. Serkan ist immer
ein höflicher und lieber Junge gewesen, hat Älteren gegenüber
immer Respekt gezeigt. Vielleicht hatte er wirklich Probleme in

der Schule, aber er würde niemals einen anderen Menschen töten wollen.«[26] Höflich und lieb ist er vielleicht, wenn man ihn mit Autorität unter Druck setzt. Aber nicht, wenn die Katze aus dem Haus ist. Es erwarten den Schüler beim Schuldspruch zehn Jahre Haft.

Andererseits erinnern Lehrer die Eltern auch gern mal daran, dass sie ihren angeblichen Pflichten als vermeintliche »Hilfslehrer« nicht nachkommen, nur weil diese es nicht schafften, mit ihren Kindern nach dem Abendessen noch Kubikwurzel ziehen zu üben oder irrationale Zahlen in Primfaktoren zu zerlegen. Ebenso gibt es Eltern, die dem Klassenlehrer sagen, er möge ihrem Sohn oder ihrer Tochter doch ruhig mal eine ordentliche Ohrfeige geben. Was für eine Gruselveranstaltung! Am Ende des Tages steigt der Konsum an Valium, Ritalin oder Melissengeist in den Teilnehmerhaushalten sprunghaft an – und außer Ärger ist mal wieder nichts gewesen. Dabei haben doch alle Beteiligten ein gemeinsames Ziel, den stressfreien Unterricht. Und sie haben einen »gemeinsamen Feind« – das Schulsystem. Einige Lehrer sind zwar derart traumatisiert, dass sie, ähnlich wie einige Gefängniswärter, Nachrichtenmoderatoren oder Ärzte, ihren Beruf nur noch mit Scheuklappen in Form einer systemkonformen, zwanghaft-orthodoxen Überzeugung aushalten: Dennoch sind auch sie getragen von der Hoffnung, einen friedlichen Konsens zu finden. Man muss nur wissen, dass kein Mensch der Welt Stress lange aushält, aber kaum einer weiß, wie man Stress wieder loswird.

Was ist Stress, und wie wird man ihn wieder los?

Im normalen Praxisalltag erläutere ich meinen Klienten während eines Coachings immer, was Stress eigentlich ist und wie er entsteht. Die meisten Menschen denken nämlich, Stress sei so etwas wie Gereiztheit, Wut oder Ärger. Doch diese Gefühle sind bereits die Folge von Stress. Es gibt sehr viele verschiedene Stresshormone mit unterschiedlichen Funktionen im Körper. Sie werden ausgeschüttet, wenn das, was man erlebt, nicht mit dem übereinstimmt, auf das man sich eingestellt hat, quasi, was man erwartet hatte. Um zu verstehen, wie Stress entsteht und wie man den wieder loswird, machen wir einen kleinen Ausflug in die Biophysik.

Wir beginnen mit der simplen Tatsache, dass unser Gehirn keine Pumpe ist wie das Herz und auch kein Filter wie die Nieren. Sondern unser Gehirn erzeugt mit seinen neuronalen Verschaltungen elektromagnetische Wellen im Millielektronenvolt-Bereich. Rein technisch gesehen ist unser Gehirn ein Frequenzgenerator, ein Sender. Da wir Sinnesorgane haben (Augen, Nase, Tast-, Gehör- und Geschmackssinn), die die äußere Realität wahrnehmen und elektrisch übersetzen können, sodass das Gehirn sie interpretieren kann, ist unser Gehirn auch ein Empfänger. Das Gehirn macht nichts anderes, als Gehirnwellen auszusenden und zu schauen, was zurückkommt, um sie dann miteinander zu vergleichen.[27] Ähnlich wie bei einer Fledermaus, die mit ihrem Echolot piepsend Ultraschallsignale ausstößt und hört, was zurückkommt. Gibt es ein Echo, weiß sie, da ist irgendetwas – eine Wand, ein Baum oder ein Insekt. Gibt es kein Echo, weiß sie, da ist nichts, und sie hat freie Flugbahn. Das Gleiche macht unser Gehirn auch. Es sendet, empfängt und vergleicht. Und das, was da gesendet wird, nenne ich unsere *Absichten* bzw. unsere *Erwartungen*. Das, was zurückkommt, nenne ich unsere *Wahrnehmungen* und unser *Erleben*. Nur einmal angenommen, ich hätte die Absicht, einen Schluck Tee aus meiner Tasse zu trinken. Dann melden meine Augen ans Gehirn: Okay, es sieht aus wie Tee. Die Absicht, es zu trinken, bleibt bestehen, ebenso wie die Erwartung, dass es auch schmeckt wie Tee. Mein Gehirn scannt das alles ab und vergleicht Input mit Output. Angenommen, ich trinke nun einen Schluck und meine Rezeptoren im Mund sagen: »Der ist ja kalt!« Dann haben wir eine Dissonanz zwischen Gesendet und Empfangen. Das heißt, was ich da erlebe und wahrnehme, ist nicht das, was ich erwartet habe. Und dieser Unterschied, diese Dissonanz, sorgt für die Ausschüttung von Stresshormonen. Aus der Nebenniere kommen diese selbst gemachten STOPP-Schilder und signalisieren mir: »Stopp! Nicht weiter diesen Tee trinken – obwohl er nicht gefährlich ist. Denn das, was du da erlebst, ist nicht das, was du erleben wolltest! Da ist ein großer Unterschied!« Und je größer der Unterschied ist, desto mehr Stresshormone werden ausgeschüttet.

Zumeist lernen wir in unserer Gesellschaft, bei Stress solle sich das unerwünschte, unerwartete Außen verändern. Wir suchen die Veränderung im Erleben. Etwa wie: Wir möchten spazieren gehen, aber es fängt an zu regnen. Wir denken »Scheißwetter, es soll zu regnen aufhören!« Wir möchten, dass das Außen sich verändert. Das unser Erleben sich verändert. Wenn wir gestresst sind, suchen wir die Veränderung im Außen. Es ist aber doch völlig egal, wie laut du schimpfst. Es wird nicht aufhören zu regnen.

Die Welt verändert sich nicht durch Stress. Doch wir fühlen uns dadurch machtlos. Ausgerechnet wir, die Spezies Homo sapiens, die gestaltungsfähigsten Wesen der Erde, fühlen uns machtlos. Dadurch wird der Stress größer. Der Wunsch, etwas zu verändern, wird größer. Wenn die Toleranz, die Akzeptanz und die Flexibilität fehlen und stattdessen Wut hochkommt, dann nenne ich das *Hass*. Hassen heißt, ich will eine Beziehung zu dir, doch du sollst dich gefälligst verändern! Ich will von dir geliebt werden! Wir agieren mit Hass, weil wir immer nur lernen, die Welt müsse sich verändern, damit es uns besser geht. Es gibt aber eine Möglichkeit, doch die scheint keiner zu kennen, obwohl sie jeder Grundschüler versteht. Aber selbst wenn man sie versteht, so halten die meisten sie für eine Schwäche.

Wir haben eine Möglichkeit, anders mit dem Unterschied zwischen Erleben und Erwartung umzugehen. Wir wären in der Lage, uns einfach auf das einzustellen, was wir erleben. Wir könnten einfach unsere Gehirnwellen verändern. Wenn mir nun jemand sagt, der Tee ist kalt, aber das müsse auch so sein, weil das nämlich Eistee ist, dann ist und bleibt der Tee zwar kalt, aber ich erwarte ja gar nichts anderes! Mehr noch, die Temperatur ist für mich jetzt sogar völlig in Ordnung! Ein Wunder! Wir selbst entscheiden, ob wir gestresst sind oder nicht, allein über unsere Erwartungen. Wir können uns einfach auf etwas einstellen. Wir können aufhören, etwas zu erwarten – und schon haben wir keinen Stress! Das Problem ist allerdings, dass wir nicht mit einem Schluck Eistee auf einer einsamen Insel sind. Es gibt in unserem Umfeld ja auch noch andere Menschen mit einem Gehirn und mit Sinnesorganen, die ebenfalls etwas erwarten und erleben. So gibt es zwischen zwei Menschen immer Erwartungen und die Reaktion darauf.

Ich kann beispielsweise auch von Ihnen etwas erwarten. Ich könnte fragen:»Wie gefällt Ihnen denn die neue CD von AC/DC?« Sollten Sie dann sagen:»Die finde ich ganz fürchterlich!«, dann kann es sein, dass ich dadurch Stress habe. Es sei denn, ich fände die ebenfalls fürchterlich, dann sage ich nämlich:»Finde ich auch – die waren früher viel besser!« oder Ähnliches. Wenn ich also irgendetwas erwarte, und es kommt genau das zurück, was ich erwarte, dann entsteht dadurch keine Dissonanz im Gehirn, sondern Resonanz, Harmonie genannt. Hierdurch werden keine Stresshormone, sondern Glückshormone, die Endorphine, produziert – und zwar aufgrund eines physikalischen Effektes. Man muss also noch nicht einmal daran glauben, denn hier wirkt eine Gesetzmäßigkeit.

Wenn man nämlich zwei gleichfrequente Wellen mit der gleichen Phase gegeneinanderschickt, so, wie wenn man zwei gleich große Steine zeitgleich in ein- und denselben Teich wirft und die Wellen sich daraufhin treffen, dann werden diese Wellen sich dort, wo sie sich treffen, aufschaukeln. Die Wellen sind dadurch doppelt so stark, dort, wo sie aufeinandertreffen. Diese sogenannte Amplitudenverdoppelung erzeugt im Gehirn eine Endorphinausschüttung.

Wenn sich zwei Menschen über Themen unterhalten, bei denen sie eben nicht einer Meinung sind, bei denen sie denken:»Ach nee, was hast du denn für Ansichten, was liest du denn für Bücher, was hörst du denn für Musik?«, dann verbraucht deren Gehirn Serotonin, und das mag es gar nicht. Das fühlt sich an wie ein Energieverlust.

Wenn sie sich aber über etwas unterhalten, bei dem sie der gleichen Meinung sind, dann verbraucht das Gehirn keine zusätzliche Energie, sondern es bekommt Endorphine zugeführt. Und dadurch entsteht eben kein Hass, sondern das Gegenteil davon: Sympathie. Aber dummerweise lernen wir so etwas ja nicht. Wir lernen immer nur, die Welt sei blöd, böse und gemein, und sie soll sich gefälligst verändern, damit es mir wieder gut geht. Zu allem Unglück ist die Welt nicht nur im Außen, sondern auch in unseren eigenen Köpfen. Wenn Sie an jemanden denken, von dem Sie sich enttäuscht, betrogen oder verraten fühlen, dann spüren Sie im Körper eine entsprechende Reaktion – selbst wenn der Betreffende schon seit Jahren in Timbuktu oder auf dem Friedhof wohnt, im Kopf ist er lebendig und wirkt, solange Sie ihn in seinem Handeln nicht verstehen, sondern innerlich erwarten, dass Sie verstanden werden.[28]

Wenn Ihr Kind also lernt, von seinem Lehrer gar nichts anderes zu erwarten, als dass er nun 45 Minuten lang versucht, die römische Geschichte, den Satz des Pythagoras oder die sechs Fälle der russischen Grammatik zu lehren, dann ist der Stress weg! Erklären Sie Ihrem Kind, dass der Lehrer kein Alleinunterhalter, kein Spielkamerad und auch kein Freund fürs Leben ist, sondern nur ein Bildungslieferant. Er wird dafür bezahlt, dem Kind etwas beizubringen, was es vielleicht sogar eines Tages gebrauchen kann. Dann entsteht keine Frustration. Und ohne Stress keine Lernblockade und ohne Lernblockade keine schlechten Klassenarbeiten!

Lernen müssen macht müde

Es heißt, mit seinen Nervenzellen wäre das Gehirn fähig, mehr Schaltstellen zu bilden, als es Atome im Weltall gibt. Bei jeder einzelnen gedanklichen Aktivität verschaltet unser Gehirn ständig und immerzu weitere neuronale Zellen. Hierdurch wird Denken und Lernen erst möglich. Der genaue Grund für diese Verschaltung ist allerdings wissenschaftlich noch ungeklärt. So stellt sich zum Beispiel die Frage, warum nicht alle Nervenzellen in einer Kettenreaktion plötzlich zusammenklumpen. Wodurch werden die Verschaltungen dosiert? Warum verbinden sich unsere Gehirnzellen nur unter bestimmten Umständen? Warum lernen wir nicht alle Wörter dieses Buches inklusive Seitenzahlen auswendig, so wie ein Computer es könnte?

Ich vermute, dass ein bestimmter individueller Filter, genannt *Relevanz* (die persönliche Wichtigkeit, die eine Sache in der Priorität über eine andere stellt), die Verschaltungen kontrolliert. Einen Hinweis darauf liefert uns das Resonanzprinzip. Dabei geht es darum, dass Systeme mit ähnlicher Beschaffenheit (etwa gleichen Teilcheneigenschaften) eher in Interaktion treten als formal grundverschiedene Systeme. Gleich und Gleich gesellt sich gern. Ein möglicher Grund dafür, dass sich Neuronen dosiert verschalten, könnte also darin liegen, dass bestehende Strukturen aufgrund der Ähnlichkeit der Systembestandteile wesentlich leichter zu nutzen sind, als völlig neue zu schaffen. Beispielsweise erlernen wir unsere Muttersprache meist wesentlich leichter und schneller als eine Fremdsprache, weil wir eine extrem hohe Bereitschaft dazu entwickeln, von unseren Eltern verstanden zu werden.

Relevanz oder auch Bedeutung bzw. Interesse ist der Weichensteller des Bewusstseins. Die Information, die mit dem geringstmöglichen Aufwand möglichst viele Verschaltungen von Nervenzellen mit einer ähnlichen chemischen Ausgangslage anregt, belegt am meisten Speicherplatz. Wird eine Nervenzelle durch einen Impuls angesteuert, so bewirkt dies in ihr eine chemische Veränderung, welche die Nachbarzellen zur Verschaltung anregt, um dieses chemische Ungleichgewicht auszugleichen, sofern die Nachbarzelle dazu chemisch in Bereitschaft ist. Relevanz schafft damit eine Art *Informationsdarwinismus*. Die Information, die mit dem chemischen Umfeld im Gehirn am besten, das heißt mit dem geringsten Widerstand zurechtkommt, breitet sich aus. Der Konkurrenzkampf der Informationen könnte damit also tatsächlich biochemisch begründet werden. Neuronen verschalten sich selektiv und nicht willkürlich. Trifft eine Information auf ein vorhandenes Netz an Verschaltungen, ist der dadurch angeregte Lernprozess größer, als wenn eine Information neu und uninteressant ist.

Wenn Sie zum Beispiel die Wörter *grau, groß* und *Rüssel* hören, denken Sie höchstwahrscheinlich sofort an einen Elefanten. Bedenken Sie nun, dass sowohl ein Ameisenbär als auch eine Stubenfliege einen Rüssel haben und je nach Art und Perspektive als grau und groß bezeichnet werden können, dann haben Sie zwar mit den beiden weiteren Tiernamen keine neuen Informationen bekommen, aber weitere Neuronen verschaltet. Bei *grau, groß* und *Rüssel* denken Sie nun nicht mehr nur an einen Elefanten. Alte Informationen sind neu in Beziehung gebracht worden und erzeugen damit einen Lerneffekt, und zwar einen höheren, als wenn Sie völlig neue Vokabeln mit unbekanntem Inhalt lesen oder hören, wie etwa »Phyllobius sericeus« und »Idaea seriata«. Selbst wenn ich Ihnen nun sage, dass die beiden Namen die lateinischen Bezeichnungen für einen Rüsselkäfer und für einen grauen Schmetterling darstellen (Falter besitzen ebenfalls einen Rüssel), dauert die Neuverschaltung der lateinischen Namen länger als die der deutschen, obwohl die Buchstaben in den Fachausdrücken ebenfalls nicht neu sind, sondern nur deren Anordnung. Diese Verschaltung der Neuronen kann enorm ermüden, wenn die Lerninhalte uninteressant, unwichtig und sinnlos erscheinen. Sobald ein wenig Bedeutung für den Gehirnbesitzer hinzukommt, lernt es sich ermüdungsfrei und wie von selbst. In einem Test habe ich einmal Probanden zehn verschiedene Kalenderdaten mit den dazugehörigen Wochentagen genannt. Die Kandidaten sollten sich nach einmaligem raschem Hören an möglichst viele Daten erinnern. Darunter waren scheinbar bedeutungslose Daten, wie der 20.07.1969 (Sonntag) oder der 15.08.1969 (Freitag), aber auch der vorher errechnete Wochentag des hundertsten Geburtstags der jeweiligen Versuchsperson. Und obwohl nahezu alle anderen Daten spurlos in der geistigen Versenkung verschwanden, konnte sich jeder sofort und auf Anhieb an dieses bestimmte Datum erinnern. Der eigene hundertste Geburtstag hat eine hohe Relevanz – selbst wenn es nicht einmal sicher ist, ob man ihn tatsächlich erleben wird. Wenn ich Ihnen nun die Zusatzinformation gebe, dass am erstgenannten Datum die erste bemannte Mondlandung stattgefunden und am zweiten Datum das Woodstock-Festival begonnen hat, haben Sie sicher auch die entsprechenden Wochentage abgespeichert. Nicht das *Lernen* macht nämlich müde, sondern das *Lernen-Müssen*.

Apropos müde: Interessanterweise sind Schlaf und Müdigkeit in unseren Breiten gesellschaftlich verpönt. Wir beschimpfen unsere Mitmenschen als Schlafmütze, Penner und Faultier. Wir ermahnen: »Schlaf nicht ein!«, »Träum nicht herum« – und verweisen mit Sprichwörtern wie »Morgenstund' hat Gold im Mund!« oder »Der frühe Vogel fängt den Wurm« darauf, dass morgens von uns Leistungsbereitschaft erwartet wird. Mit Ausdrücken wie Nachteule, Nachtschattengewächs oder Nachtschwärmer wird abwertend formuliert, dass die Nacht zum Schlafen genutzt werden sollte – und nicht etwa zum Vergnügen! Dem Phänomen, dass es auch nachtaktive Menschen gibt, deren Leistungskurve am Nachmittag erst ansteigt und morgens ganz unten ist, wird damit nicht Rechnung getragen.

Diese Erfahrung musste auch der siebenjährige Marco machen. Wie viele Kinder hörte auch er Abend für Abend den Satz: »Ab ins Bett mit dir!« Seine Mutter Martina hatte große Mühe, ihn zu bändigen. Der Junge erfand stets neue Ausreden, warum er einfach nicht schlafen gehen wollte. Pipimachen, Hunger, Durst oder noch eine Geschichte hören zählten zu seinem Standardrepertoire, mit dem er die Schlafenszeit hinauszuzögern versuchte. Hingegen war der Zweitklässler am Morgen wie in Narkose, wenn es darum ging, endlich aufzustehen und zur Schule zu gehen. Es reichte nicht, dass der Wecker Sturm klingelte, meistens musste Martina ihren Sprössling eindringlich auffordern, endlich aus den Federn zu kommen. Dementsprechend energisch bestand sie auch darauf, dass Marco sich an die Zu-Bett-geh-Zeit hielt. Doch der Protest war stets vorprogrammiert. Als wir die Mutter darauf hinwiesen, dass Marco nach einer schnellen Geburt gegen 18:00 Uhr geboren ist und somit am Abend erst am Beginn seiner Leistungskurve ist und daher nicht müde wird, verstand sie, dass sie das Kind nicht länger dazu zu zwingen brauchte, ins Bett zu gehen. Seitdem erholt sich der Kleine besser, obwohl er etwas später zu Bett geht und weniger schläft.

Die eigentliche Erholung findet nämlich gar nicht so sehr in den Tiefschlafphasen statt, sondern in den REM-Phasen. Das bedeutet: Wenn jemand die halbe Nacht wach liegt und sich darüber ärgert, ist er morgens wie gerädert. Wenn er aber die Zeit bis zum Aufstehen genießt, braucht er meist noch nicht einmal einen Wecker, um erholt aus den Federn zu hüpfen. Ohne den verhassten Wecker wach zu werden, ist übrigens eine Wohltat. Dazu brauchen Sie nach dem Zubettgehen einfach nur auf die Uhr zu sehen und zu überlegen, wie viele Stunden Erholungszeit Sie jetzt vor sich haben. Selbst ein Mittagsschlaf würde ja mit 60 Minuten ausreichend sein, um wieder frische Energie in den Knochen zu haben. Und dann denken Sie an die genaue Uhrzeit, wann Sie wach werden wollen. Der perfekte Wecker wäre die Freude auf das, was Sie nach dem Aufwachen erwartet. Es ist der Sinn im Wachwerden, der Sie pünktlich weckt. Überlegen Sie genau, was Sie davon haben, wenn Sie jetzt aufstehen? Was haben Sie davon, wenn Sie es nicht tun? Wie wichtig ist es Ihnen eigentlich aufzustehen, wach zu sein, und warum? Mit dieser Überlegung setzen Sie Prioritäten. Und diese sind ganz einfach die Auftraggeber für Ihr Gehirn. Nicht das, was Sie *sollen* wird wahr, sondern das, was Sie *wollen*.

Wenn Ihr Kind also morgens todmüde ist, liegt das entweder daran, dass es nachtaktiv ist (diese Programmierung bekommen Sie nicht weg) oder dass es keine Lust auf Schule hat (was verständlich ist). Ich kenne eine junge Dame persönlich, die seit Kindesalter an nur drei Stunden in der Nacht schläft und dann aufsteht. Sie ist kerngesund und gut in der Schule, allerdings hat sie auch keine Angst davor und verbringt recht entspannt die Unterrichtszeit.

Erklären Sie Ihrem Kind die Wirkung von Überforderungsgefühlen bei Schülern, wenn sie am Morgen nur an Schule denken. Die subjektive Erwartung der Anforderungen des Tages ist bereits zu viel. Sind die Schularbeiten gemacht? Wird der Geschichtslehrer dich heute an die Tafel holen? Was wird der Klassenschläger zu deiner neuen Jacke sagen? Und, und, und. Da fällt ein Schüler doch allein bei dem Gedanken daran ins künstliche Koma.

Übrigens: Das berüchtigte »Herumträumen«, bei dem ein Schüler mit glasigem Blick ein Loch in die Luft starrt, sorgt bereits für ein kurzes »Herunterfahren« der Aufmerksamkeit und erhält damit die Aufnahmefähigkeit. Nun erklärt sich auch, warum Menschen bei permanenter Überforderung durch Erwartungsdruck oftmals sprachliche Blockaden empfinden, etwa wenn man im Sprachunterricht bei ganz neuen Lektionen plötzlich vom Lehrer überraschend aufgerufen wird. Der berühmte Sprechpausenfüller »Äääh«, welchen wir nicht nur von Boris Becker und Edmund Stoiber kennen, ist immer ein Hinweis auf akuten Überforderungsdruck durch überhöht wahrgenommene Fremderwartung. Das Hirn schreit nach Entlastung, die sich ein Schüler schlichtweg durch Ablenkung, also durch das Abschalten der für Disziplin zuständigen Gehirnregionen verschafft. Ich empfehle meinen Seminarteilnehmern immer, hin und wieder mit geschlossenen Augen zuzuhören. Mit diesem Trick erhalte ich die Leistungsfähigkeit meiner Studenten, sodass sie in der Lage sind, extrem lange Zeit ohne Pause durchzuhalten und dabei sogar noch extrem viel zu lernen. Die Anstrengung runterfahren verhindert das völlige Abschalten. Das Gleiche macht auch ein Raucher, wenn er mal eben kurz in Ruhe durchatmet.

Falls ein Kind (oder auch ein Erwachsener) oft verschläft oder notorisch zu Terminen und Verabredungen zu spät kommt, liegt das in vielen Fällen daran, dass dieser Mensch bei der Geburt sich «frühzeitig geholt« fühlte (aufgrund von Kaiserschnitt, wehenauslösenden Mitteln, Erwartungsdruck der Mutter, falsch berechnetem Geburtstag und Ähnlichem). Ermahnungen zur Disziplin nützen dem Zu-spät-Kommenden nicht, sondern nur das Auflösen des Ich-lass-mir-Zeit-Musters.

Ich bin jetzt etwas abgeschweift. Kommen wir zurück zum Lernen und Erinnern. Sie können mit einem einfachen Test eindrucksvoll beweisen, dass das Gehirn nichts vergessen kann, selbst Dinge nicht, die rational nie abgespeichert waren. Ich habe dieses Experiment in einigen meiner Bücher zuvor beschrieben.

Erinnern, was einem nie bewusst war

Bitten Sie Ihr Kind einmal, die Augen zu schließen und sich gedanklich zurückzuversetzen in die Situation seiner ersten Gehversuche. Es soll sich etwas Zeit lassen und schauen, welche Eindrücke da hochkommen. Fragen Sie es zunächst, ob es dort irgendwo drinnen oder draußen ist. Wenn es sagt, »Weiß ich nicht«, nehmen Sie den Erwartungsdruck raus und fragen: »Was meinst du, wo könnte das denn wohl gewesen sein?« Sobald es etwas sagt, meinetwegen »Drinnen!«, ermutigen Sie es weiter: »Ja, vielleicht. Schau dich mal um, du bist ganz klein, ringsherum ist alles ganz

groß. Worauf gehst du zu?« Und egal, was Ihr Kind dann antwortet, bitten Sie es, Ihnen nacheinander zu sagen, welches Jahr,
welche Jahreszeit, welchen Monat, welches Datum und welchen
Wochentag wir da haben. Sie können es bitten, imaginär auf einen
Kalender zu sehen und das Datum abzulesen oder jemanden zu
bitten, das Datum zu nennen.

Achtung: Kinder unterscheiden auf emotionaler Ebene meist
nicht zwischen Sonn- und Feiertagen. Mit ein bisschen Einfühlungsvermögen erreichen Sie beim Abfragen eines Datums, welches definitiv nicht mit den Sinnen (Sehen, Hören) erfasst wurde, sondern
aus dem »kollektiven Unbewussten« (nach C. G. Jung, 1875–1961)
abgerufen wurde, eine Trefferquote von weit über 80 Prozent, die
Sie leicht mit einem elektronischen Kalender überprüfen können.
Sie können das auch mit Ihrem Partner üben, und wenn Sie etwas routiniert und mutig sind, auch auf einer Party mit Freunden.
Wichtig ist nur, dass der Übungskandidat nicht zu rechnen beginnt
und auch keine Angst vor falschen Antworten hat, sondern einfach
sagt, was ihm intuitiv durch den Kopf geht. Ob Sie es mir glauben
oder nicht: Diese Datums-Wochentagsabfrage funktioniert sogar,
wenn alles klappt, also der Proband sehr kontemplativ (selbstver-
sunken) ist, mit Daten aus der Zeit vor der Geburt. Hypermnesie
(erhöhtes Erinnerungsvermögen) nennt sich dieses Phänomen und
ist nicht nur ein Zeichen dafür, wie mächtig unser Gehirn arbeitet,
wenn wir es nicht unter Druck setzen, sondern ganz relaxed mal
denken lassen, sondern auch ein hervorragendes Mittel, um sich
an etwas zu erinnern, von dem man gar nicht wusste, dass man es
wusste. Mit diesem Trick, darauf komme ich später noch zurück,
habe ich meine Abiturklausuren geschrieben – und das kann Ihr
Kind auch.

Lernen und Fühlen im Mutterleib

Übrigens beginnt das lebenslange Lernen und Datensammeln nicht erst mit dem Laufenlernen, der Einschulung und ebenso nicht mit der Geburt. Die ersten Nervenzellen entwickeln und verschalten sich bereits in der dritten Schwangerschaftswoche. Mit ihnen ist der Embryo in der Lage, chemische Unterschiede in seiner Umgebung zu registrieren. Allerdings gibt es in der Gebärmutter noch nicht allzu viele spürbare Unterschiede – es ist für den Embryo immer gleich warm und gleich dunkel. Doch ab diesem Zeitpunkt ist der kleine Zellknubbel, der später unser Gehirn ist, bereits in der Lage zu spüren, ob sich Stresshormone, Glückshormone, Schlafhormone oder etwa Alkohol in seiner Umgebung befinden. Nach etwa weiteren sechs Wochen nennt man diesen kleinen *Haufen* von Nervenzellen, der sich stetig weiterentwickelt, bereits Gehirn, und mit etwa fünf Monaten bekommt der Fötus eine konkrete Vorstellung davon, ob er im Bauch willkommen ist oder ungewollt. Das Kind braucht sich lediglich beim mütterlichen Organismus bemerkbar zu machen, etwa durch einen kräftigen Tritt von innen gegen die Bauchdecke – das tut es ab diesem Zeitraum für gewöhnlich –, und schon bekommt es darauf die Antwort seiner Mutter in Form von Neurotransmittern, die durch die Nabelschnur direkt zum Gehirn rasen und ihm die gleichen Gefühle ermöglichen, die seine Mutter hat, ohne die dazugehörigen Erlebnisse. Und ohne zu wissen, dass es eine Mutter überhaupt gibt, fühlt es neun Monate lang, was sie fühlt. Auch allgemeine Angst, Stress oder Glücksgefühle der Mutter spürt das Ungeborene. Da komme ich an anderer Stelle noch darauf zurück.

Wenn eine Mutter sich freut, ihr Kind zu spüren, wenn es sich im Bauch bewegt, dann bekommt Letzteres dabei einen Endorphinstoß, der vom Baby als Glücksgefühl wahrgenommen wird. Wenn sie aber verzweifelt ist, weil sie gar kein Kind will, dann spürt der Embryo hierdurch unvermittelt einen Adrenalinstoß. Das Stresshormon wird von einem Ungeborenen fast wie ein Stromschlag empfunden. Wenn das Kind ein paar Mal diese Erfahrung gemacht hat, schlussfolgert es, dass es offenbar eine ganz schlechte Idee ist, sich allzu deutlich bemerkbar zu machen. Depression und Introversion nehmen ihren Ursprung bereits vor der Geburt, bedingt durch die sich zunehmend ausbildende Verschaltungsfähigkeit, allgemein *Intelligenz* genannt. Die innere Einstellung wird schon während der Embryonalentwicklung beeinflusst. Berücksichtigen Sie also die emotionale Großwetterlage der Mutter während der Schwangerschaft, falls Ihr Kind in der Schule stumm wie ein Fisch oder aufgedreht wie ein Duracell-Hase ist – das hat Gründe.

Unser Gehirn ist kein Spielzeug, sondern ein Wunderwerk, das bei jedem Computerchiphersteller Neid erzeugt. Allerdings nur bis vor Kurzem, denn mittlerweile wird diese Kapazität von den Computern in Hochleistungs-Rechenzentren übertroffen! Einen solchen Supercomputer müssten Sie allerdings zehn Jahre lang rund um die Uhr selbstlernend programmieren, damit er die Reife und Erfahrung eines zehnjährigen Kindes hat. Zum Vergleich: Einer der derzeit schnellsten Rechner der Welt – BlueGene/L in Jülich – kann mit Sicherheit per Knopfdruck genau sagen, wie viele Buchstaben in diesem Buch sind. Er kann aber nicht die geringste Aussage darüber treffen, ob für ihn das Buch langweilig oder anregend ist. Ob es von Ihnen als langweilig oder anregend empfunden wird, hängt also nicht von Ihrer Rechenleistung ab, sondern von der von Ihnen bereits gespeicherten beziehungsweise noch zu Ihrer Verwirklichung benötigten Datenmenge – *Interesse* ist der Treibstoff für Ihren Erfolg und damit auch für Ihre Leistungsfähigkeit!

Relevante Reize: Grundvoraussetzung fürs Denken

»Träume nicht herum!«, »Benutze deinen Verstand!« und »Streng dich mal an und konzentriere dich!« – mit diesen Sätzen will man Schüler zum Lernen anspornen. Doch nur ein erstaunlich kleiner Teil der verfügbaren Datenmenge kann überhaupt vom viel gepriesenen Verstand wahrgenommen und verarbeitet werden, angeblich nur zwischen 0,3 und fünf Prozent; der Rest der Realität wird unter- und unbewusst verarbeitet. Die vorrangigen Aufgaben des rationalen bewussten Verstandes sind: Zeit zu empfinden, Fremderwartungen zu registrieren, Selbstdisziplin auszuüben und vor allem Emotionen zu reflektieren und für kleine Datenmengen (Rationen) zu reduzieren, damit sie dem raschen Zugriff verfügbar sind. So komplexe Abläufe wie das Binden einer Schleife in den Schnürsenkel oder das In-den-Rückwärtsgang-Schalten im Auto werden damit so datenreduziert, dass wir dies bei Bedarf sofort ausführen können, ohne im Geringsten erklären zu können, was wir da ganz genau tun. Unser Bewusstsein verarbeitet damit Dinge, die mit der Anpassung des Selbst an die äußere Welt zu tun haben und damit der sofortigen Kontrolle unterliegen. Jenseits des bewussten Verstandes herrschen ganz andere Bedingungen für die Datenverarbeitung.

Nicht wahrnehmbar und damit unterbewusst sind beispielsweise die Steuerungsbefehle für Mimik und Gestik. Unbewusst und damit noch eine Ebene tiefer sind Vorgänge wie das Wachstum oder die Zellerneuerung. Unbewusst nehmen wir aber auch Luftdruck, Licht oder die Informationen aus homöopathischen Mitteln wahr. Unbewusstes lässt sich für die meisten Menschen nur mit dem Unterbewusstsein steuern, aber nicht mit dem Bewusstsein. Sich zum Beispiel bewusst und absichtlich neue Haare wachsen zu lassen, ist für die meisten Menschen nicht möglich. Unterbewusst geschieht so etwas schon häufiger, man kann es sogar trainieren.[29] Das Unterbewusstsein selektiert allerdings sehr stark nach emotionaler Relevanz. Es interessiert sich weder für den Haustürschlüssel noch für die rote Ampel – es sei denn, wir beauftragen es damit. Dann geraten diese Dinge ins Bewusstsein, und wir wenden uns der wahrnehmbaren Realität zu. Unsere Gehirnzellen treten in Resonanz mit vorhandenen Nachbarzellen und verschalten sich zu einer *Arbeitseinheit*. Das ist also gar nicht so kompliziert, wie es zunächst erscheint.

Die eigentliche gedankliche Information, die unser Verhalten und Empfinden ausmacht, ist lediglich eine Änderung des Ruhepotenzials in den Nervenzellen. Durch das Öffnen von Ionenkanälen in der Zellmembran können Ionen ein- oder ausströmen und so die elektrische Ladung der Zelle verändern. Diese Ladungsänderung wird auf andere Nervenzellen übertragen und kann somit im Körper an die entsprechenden Stellen, wie etwa Muskeln, weitergeleitet werden. Unsere Nerven selbst, die diese Reize weiterleiten, ähneln Telefonkabeln, durch die Tausende von Informationen gleichzeitig laufen und an verschiedene Stellen ausgeliefert werden können.

Das Zustandekommen von Information durch elektrische Potenzialveränderungen bedeutet zugleich: »Der Mensch spürt nur den Unterschied.« Diese Erkenntnis geht auf den Wiener Arzt und Begründer der Psychoanalyse *Sigmund Freud* (1856–1939) zurück und besagt, dass wir stets und ständig neue Reize benötigen, um uns überhaupt unserer Existenz bewusst sein zu können.

Wenn Sie beispielsweise die Struktur einer Tapete erfassen wollen, so reicht es nicht, sie lediglich zu berühren. Sie müssen etwas mit den Fingern hin und her wischen, um die Unterschiede in der Oberfläche feststellen bzw. begreifen zu können und einen Eindruck davon zu bekommen. Erst dies ermöglicht den Nervenzellen, etwas zu registrieren. Alle unsere Sinnesorgane tasten die Umgebung ab. Die Augen haben einen sogenannten Mikrotremor, sie zittern gewissermaßen mit einer Frequenz von 100 Hertz und erfassen so die Unterschiede im Bild. Fixiert man die Augäpfel experimentell, so verschwindet nach kurzer Zeit das Bild, und man sieht nichts mehr. Unterschiede, also Reize, sind Grundvoraussetzung für die Wahrnehmung und somit fürs Denken. Nun können Sie sich vorstellen: Dass ein Mensch den Wochentag seines einhundertsten Geburtstages sofort lernt und behält, lässt erahnen, für wie bedeutungslos Ihr Kind den Unterrichtsstoff halten muss, von dem es nach vier Tagen das meiste schon wieder vergessen hat. Das ist ein Armutszeugnis für jeden Schulbetrieb.

»Relevanz herstellen!«, heißt also der Trick. Die Antworten auf Fragen wie »Was bedeutet mir das?«, »Wozu brauche ich das im Alltag?«, »Was kann ich in meinem Leben damit anfangen?«

reichen völlig aus, um Daten dauerhaft zu speichern. Beweis? Die Mondlandung (wo die halbe Welt vor dem Fernseher sitzen konnte) war nicht an einem Freitag und das dreitägige Woodstock-Festival begann nicht an einem Sonntag, sondern ...? Umgekehrt. Na bitte!

Gehirnforscher vermuten in unserem Gehirn immer eine gewisse Eigendynamik der Hirnareale sowie der zur Informationsübermittlung notwendigen Botenstoffe (Neurotransmitter) – doch diese Betrachtungsweise ist so, als würde man bei einem Auto annehmen, der Motor würde von sich aus laufen. Dabei übersieht man, dass es jemanden geben muss, der aufs Gaspedal tritt. Doch es ist genau der besagte Unterschied zwischen zwei Informationen (Reizen), auf den wir reagieren und den wir auszugleichen versuchen. Nicht das Gehirn selbst denkt, sondern *wir lassen es denken,* und zwar – wie wir noch sehen werden – immer mit demselben Ziel!

Man sollte nicht vergessen, dass diese Abermillionen von Informationen vom Gehirn einfach ausgeblendet werden, wenn sie nicht relevant sind. Der innere Türsteher des Bewusstseins sagt zu allem, was nicht interessant ist: Du kommst hier nicht rein! Die besten Lerneffekte haben wir also, wenn die Informationen ein Gefühl erzeugen. Und wenn der Verstand beim Lernen auch noch zusätzlich mitbeteiligt ist, können wir diese Gedanken sogar mühelos wieder abrufen. Doch was genau ist der Unterschied zwischen Gedanken und Gefühlen, und wie nutzt man alles am besten?

Gedanken und Gefühle – eine Unterscheidung

Meist unterscheidet die psychologische und auch medizinische Literatur *qualitativ* zwischen Gedanken und Gefühlen. Gedanken seien demnach rationale Impulse, Gefühle hingegen emotionale. Diese Differenzierung möchte ich im Hinblick auf die physikalische Sichtweise gern aufheben.

Ich schlage eine *quantitative* (mengenmäßige) Unterscheidung vor, nach der *Gefühle* als immens große Datenmengen im Gehirn zu begreifen sind, als eine Summe aus vielen vernetzten Gedanken. Durch diese Menge an Impulsen, die miteinander in Beziehung stehen, können Bereiche des Körpers, z. B. Muskeln, Drüsen und Sinneszellen, über Nervenfasern massiv angesteuert werden und damit selbstverständlich unser Verhalten und Empfinden beeinflussen. Das, was wir normalerweise Gedanken nennen, ist folglich nur der bewusste und damit unverhältnismäßig geringere Teil unserer Hirnaktivität. Wie schon erwähnt gehen Wissenschaftler davon aus, dass nur etwa maximal drei Prozent aller Gedanken bewusst sind. Die wenigsten unserer Gedanken dringen also tatsächlich ins Bewusstsein vor, dorthin, wo wir sie wahrnehmen und willentlich beeinflussen. Sie können aber dennoch unser Verhalten sehr wirksam steuern. So kann zum Beispiel der intensive Gedanke an eine große Spinne, die sich angeblich in Ihrem Kragen befindet, bei Ihnen eine Gänsehaut erzeugen. Und allein die Erinnerung an ein peinliches Erlebnis kann Ihnen die Schamesröte ins Gesicht treiben. Eine messbare körperliche Wirkung – hervorgerufen allein durch Gedanken!

Aufgrund der wesentlich größeren Datenmenge, die eindrucksvolle, hochrelevante Erlebnisse hervorruft, wird eine viel größere Menge an elektromagnetischen Impulsen im Gehirn erzeugt. Sie wissen, was passiert, wenn Sie bei einer Spielzeugeisenbahn den Fahrtregler am Trafo nur ein ganz klein wenig bedienen: Der Motor summt etwas, aber die Bahn fährt noch nicht los. Wenn Sie jedoch weiter aufdrehen und somit die Stromstärke erhöhen, beginnt sich die Eisenbahn in Bewegung zu setzen, und wenn Sie Vollgas geben, kann der Zug sogar entgleisen. Je mehr neuronale Verschaltungen ein Ereignis bei Ihnen angeregt hat, desto größer sind bei hervorgerufener Erinnerung die in der Elektroenzephalografie (EEG) messbaren Hirnströme und der Effekt auf den Körper.

Der Physiker und Nobelpreisträger *Richard Feynman* (1918–1988) war bei seinen Studenten bekannt und beliebt für die Begeisterung, mit der er die Tafeln im Hörsaal mit Formeln beschrieb. Im Gegensatz dazu hatte er selbst sich seinerzeit als Student angesichts vollgeschriebener Tafeln oft gelangweilt, was später möglicherweise zum Motivator für seine mitreißenden Vorlesungen wurde. Reize schaffen heißt, Neuronen zu verschalten!

Psychosomatische Erkrankungen resultieren aus massiven unterbewussten Gedankeneindrücken (Gefühlen), die aufgrund ihrer großen Datenmengen den Körper spürbar ansteuern. Sobald diese Gedanken bewusst (und damit vereinfacht) sind, ist der Einfluss auf den Körper minimiert.

Aber auch Mut und Schaffenskraft hängen in ihrer Intensität von Gefühlen ab. Daher glaube ich, dass Sie durch langweilige, irrelevante Gedanken ohne persönliche Bedeutung niemals im positiven Sinn erfolgreich werden können, weil die Datenmenge für große Erfolge zu gering ist.

Viele Menschen lassen ihr geistiges Potenzial aus Angst vor Kontrollverlust weitgehend ungenutzt! Eine solche Angst vor Kontrollverlust ist immer eine Folge frühkindlicher Traumatisierung, die durch ein späteres Ereignis eine Bestätigung erfährt. Somit wird ein Verhaltensmuster erzeugt, welches generell die Wiederholung einer Traumatisierung vermeiden soll. Angst sorgt also dafür, dass Sie sich selbst vorsichtshalber daran hindern, potenzielle Fehler zu begehen oder solche zu wiederholen – und damit können Sie auch keinen bewussten Erfolg erzielen.

Angst blockiert

Hierzu passt das Beispiel von einem älteren Herrn, der mich im Institut aufsuchte, um Englisch zu lernen. Ich bat ihn, in Hypnose die englischen Wörter »mouse«, »house« und »book« zu wiederholen, doch er antwortete beharrlich und auch nach gutem Zureden in klarem Deutsch »Maus«, »Haus« und »Buch«. Auf meine Frage hin, warum er die englischen Vokabeln, die ich ihm förmlich in den Mund legte, nicht nannte, obwohl sie sich doch phonetisch kaum von den deutschen Wörtern unterschieden, antwortete er, er wolle ja nichts Falsches sagen. Auf meine Frage, woher diese Angst komme, erzählte er, wie er einst als Kleinkind seine Mutter im Bett mit einem fremden Mann erwischt hatte, woraufhin sie ihm drohte: »Sag bloß nichts Falsches!« Diesen alten Bann konnten wir mit einem Reframing auflösen, und fortan fiel es meinem Klienten leicht, Englisch zu sprechen.

Ohne Angst kein Symptom.

Wenn Sie beim Bogenschießen den Pfeil nicht loslassen, aus Angst, das gewünschte Ziel nicht zu treffen, dann treffen Sie zwar nichts Falsches, aber eben auch nicht Ihr Ziel. Ihr unterbewusster Erfolg besteht dann darin, eine Fehlersituation vermieden zu haben. Was für ein zweifelhafter Erfolg! Aber dieser ist Ihnen sicher. Selbstvertrauen ist die Basis, auf der erfolgreiche Menschen ihre Ziele erreichen, doch dieses wird uns meist aberzogen. Selbstvertrauen heißt, sich selbst zuzutrauen, dass man über die notwendigen Fähigkeiten verfügt, wenn es darauf ankommt. Der Deutsche Andreas Gotthardt ist 53-facher Deutscher Meister, sechsfacher Europa- und vierfacher Weltmeister im Bogenschießen. Außerdem ist er amtierender Hallenweltrekordhalter in seiner Bogenklasse. Sein Erfolgsrezept ist: Bloß die Nerven behalten, wenn es schwierig wird. Was man will, wird man auch erreichen, wenn man sich innerlich vorbereitet fühlt. Man darf sich im entscheidenden Moment nicht ablenken lassen. Seine unglaublichen Erfolge geben ihm recht. Vielleicht beruhigt es Sie, dass die wirklich wichtigen Dinge im Regelfall fehlerfrei vom Gehirn ausgeführt werden. Sind Sie jemals versehentlich ohne Kleidung aus dem Haus gegangen? Wohl kaum. Bekleidet zu sein ist meist nicht lebensnotwendig, doch in sozialer Hinsicht unumstritten wichtig. Ein emotional höchst relevantes Ziel eben. Wie man die Wichtigkeit einer Sache erkennt und gegebenenfalls verändert, hängt sehr stark davon ab, was Sie erreichen wollen. Versteifen Sie sich nicht auf die Gefährlichkeit, das blockiert Sie nur. Fokussieren Sie sich lieber auf die Chancen einer Sache, die motivieren und erzeugen viel größere Datenmengen. Je mehr Sie sich selbst zutrauen, um ein Ziel zu erreichen, desto greifbarer wird es, weil einfach mehr *Strom* im Gehirn fließt.

Lernen Schüler nun in der Schule, wie sie ihr Gehirn benutzen? Nein, sie lernen, wie sie es vor lauter Angst nicht benutzen.

Daher werde ich im späteren Schülercoaching-Teil erläutern, wie man mit der Gelassenheit eines Weltrekordlers seine Klassenarbeiten schreibt – und besteht.

Fazit von Schritt 1

Entmachten Sie die Schule, indem Sie Ihre Kinder aufklären, was Schule ist und was nicht. Schaffen Sie Verständnis für die Lehrer, indem Sie die Berufsmotivation von Lehrern aus deren Perspektive veranschaulichen. Erläutern Sie, was das Lernen und Denken blockiert, und zeigen Sie Ihrem Kind, wie es am leichtesten lernt. Das Ziel von Schritt 1 sollte sein, dass Ihr Kind angstfrei, trotzfrei, interessiert, verständnisvoll und entspannt im Unterricht sitzt.

Hörbuch mit Schülercoaching

Das von Andreas Winter selbst eingesprochene Hörbuch umfasst den vollständigen Inhalt dieses Ratgebers. Zusätzlich enthält es ein Audio-Coaching, mit dessen Hilfe Schüler ihre Wahrnehmung des Schulalltags verändern können, um stressfreier, zufriedener und motivierter zu werden.

Rock the school!

Andreas Winter I Schulzeit ohne Stress! I 19,95 € UVP (D/A) I 978-3-86374-579-0

Schritt 2
Familiensoziologie –
Eltern-Kind-Rollenmanagement

Die Familiensoziologie untersucht soziale Beziehungen im besonderen Gefüge der Familie und Verwandtschaft. Das ist insofern wichtig, als wir gerade von Erwartungen sprachen, und diese sind meiner Ansicht nach das Kernelement von Beziehungen. Ohne dass es eine Erwartung an den anderen gibt, gibt es auch keinen Bezug zum anderen und damit auch keine Beziehung. Damit wird auch schon klar, worin das Konfliktpotenzial in den sozialen Beziehungen steckt: in den nicht ausgesprochenen und unerfüllten Erwartungen, den *Frustrationen*. Soziale Rollen sind entscheidend dafür, wie wir uns begegnen und wie wir miteinander umgehen. Die soziale Beziehung stellt die Weiche für zwischenmenschliche Grundstimmungen: Erwartungsdruck, Bedrohung, Vertrauen oder auch Konkurrenz. Daher ist es wichtig, dass Sie wissen, Ihr Kind fühlt sich Ihnen zunächst unterlegen.

Ihr Kind glaubt Ihnen leider alles

Wenn Ihr Kind zur Welt kommt, dann sind Sie als Eltern seine wichtigsten Bezugspersonen. Es fühlt sich von Ihnen vollkommen abhängig und braucht Ihren unbedingten Schutz. Alles, was Sie sagen, tun und lassen, wird von Ihrem Kind ausgewertet und in Bezug zu sich selbst gebracht. Es glaubt Ihnen leider alles. Ob der Weihnachtsmann, die Zahnfee oder der Mann im Mond, Ihr Kind orientiert sich an Ihnen wie an einer Kopiervorlage. Das sehen Sie beispielsweise daran, dass das Kind lernt, so wie Sie zu sprechen. Den Dialekt, die Wortwahl und sogar die Betonungen. Falls Sie wirklich seine Bezugsperson sind, orientiert sich Ihr Kind zunächst ausschließlich an Ihnen. Es kennt keine gesellschaftlichen Konventionen und wäre zudem auch nicht in der Lage, darauf Rücksicht zu nehmen. Viele unserer Normen und Erwartungen sind für ein Kind nicht nachvollziehbar – und oft für den gesunden Menschenverstand ebenso nicht. Ein paar Beispiele: Die meisten von uns denken, man müsse nachts schlafen, wir sprachen bereits darüber. Dies entspricht aber weder den biologischen Gegebenheiten, noch gilt für jeden Menschen der gleiche zirkadiane Zyklus. Es gibt Menschen, deren Leistungskurve steigt am Nachmittag oder gar am Abend erst an. Wenn eine Mutter die Aktivität ihres Babys in ihrem Bauch beobachtet, kann sie feststellen, dass das Kind mehrere Ruhephasen über den Tag verteilt hat. Wir schlafen, wenn wir müde sind, um unsere Leistungsfähigkeit zu erhalten. Aber in gesellschaftlicher Hinsicht sollen wir dann schließlich schlafen, wenn man es uns vorgibt, also nur nachts. Diesen Widerspruch spüren Kinder, ohne dass sie sich dagegen zur Wehr setzen können, denn schließlich vertrauen Kinder ihren Eltern – selbst, wenn diese im Unrecht sind.

Das Gleiche gilt fürs Essen. Drei Mahlzeiten täglich sind vielleicht in wirtschaftlicher Hinsicht für die Nahrungsmittelindustrie lukrativ, aber in physiologischer Hinsicht völliger Unsinn. Es ist eine pure Konvention, täglich mehrmals zu essen – und man kann es sich leicht wieder abgewöhnen. Mutter Natur zeigt, dass wir falsche Glaubenssätze haben: Hat das Baby im Bauch nur dreimal am Tag Nährstoffe aus dem mütterlichen Blut gezogen? Natürlicherweise essen wir, wenn wir Hunger haben. Bei einem Kind können wir beobachten, dass es oftmals lieber kleine Portionen an Nahrung zu sich nimmt, diese aber dafür auch außerhalb der geregelten Mahlzeiten. Wenn das Kind nicht den Teller leer isst, gibt es in vielen Familien plötzlich Ärger – völlig zu Unrecht. Besser wäre es, dem Kind stets die Wahl zu lassen, ob und wann es etwas isst. So machen es etwa einige Naturvölker; hier steht die mütterliche Brust für mindestens drei Jahre, oftmals auch sehr viel länger, als Nahrungsoption zur Verfügung. Durch das Gefühl von stets ausreichender Versorgung verhindern Sie zudem, dass Ihr Kind eines Tags dick wird. Denn ein Übergewicht entsteht nicht durch »zu viel« (essen), sondern durch »festhalten« aufgrund von »zu wenig«.[30] Ich kenne einige Menschen, die sich von solchen Konventionen befreit haben und gar nichts mehr essen. So etwa der Münchner Heilpraktiker und Buchautor Dirk Ohlsen[31], der neun Monate lang nichts aß, kaum trank und nur seinen Freunden zuliebe das Essen sporadisch wieder anfing, weil er es satthatte, dass sie damit nicht zurechtkamen. Oder nehmen wir Dr. Ruediger Dahlke. Er ist einer von vielen Fastenlehrern, die einem beibringen, völlig problemlos zehn Tage lang nichts zu essen. Also warum soll dann Ihr Kind den Teller leer essen, wenn es nicht essen mag?

Und so ist eben auch das Thema Lernen oft stressbehaftet. Das menschliche Gehirn lernt ununterbrochen und das sogar gern. Niemand muss und sollte ein Kind zum Lernen zwingen, denn

Lernen entsteht durch Relevanz, Sinn, Interesse. Ich erinnere daran: Lernen beginnt nicht erst im Kindergartenalter, sondern circa drei Wochen nach Empfängnis. Ab dann verschalten sich Nervenzellen, das »Denken« beginnt. Doch in den ersten 36 Monaten des Lebens (ab Zeugung gerechnet) verfügt der Mensch über keinerlei rationales und zeitliches Erfassungsvermögen. Weder Zukunft noch Vergangenheit fließen in die kontextuelle Orientierung des Kindes mit ein, sodass es noch gänzlich sinnlos ist, einem Vorschulkind Vorsichtsmaßnahmen wie »Zieh dir eine Jacke an, draußen ist es kalt« nahebringen zu wollen. Das Kind muss erst *erleben,* dass es kalt ist, und handelt danach dementsprechend. Ab einem Alter von etwa vier Jahren entwickeln Kinder genügend Einfühlungsvermögen, um sich vorstellen zu können, was andere denken und fühlen. Dann erst sind sie in der Lage einzusehen, dass sie vielleicht selbst noch etwas warten müssen, weil dringende Bedürfnisse anderer (zum Beispiel das Füttern des hungrigen Geschwisterchens) zuerst erfüllt werden müssen. Kinder haben nun die Möglichkeit, ihre Handlungen zu planen. Wenn es ihnen Vorteile bringt, sind sie sogar freiwillig bereit zu warten.

Im Alter von vier bis fünf Jahren haben Kinder zudem die Fähigkeit entwickelt, sich einer anderen Sache zuzuwenden, ohne ihr ursprüngliches Bedürfnis aus den Augen zu verlieren. Sie sind dann in der Lage, etwas anderes zu machen, bis Mama, Papa oder die Erzieherin im Kindergarten Zeit für sie hat. Bis sich die zeitlich-kontextuelle Wahrnehmung zu entwickeln beginnt, werden beispielsweise auch punktuelle Gefahren als absolute und andauernde Gefahren empfunden. *Emotionales Erleben wird stets als Gegenwart empfunden.* Deshalb werden genau in dieser Zeit unterbewusst Verhaltensmuster aufgrund von Erlebnissen und Erfahrungen gebildet, die ein Leben lang erhalten bleiben können. Dies bedeutet folglich: Macht ein Kind innerhalb genau dieser drei Jahre ab Zeugung traumatische Erfahrungen – dazu gehören bereits Schwangerschafts- und Geburtskomplikationen genauso wie frühkindliche Krankenhausaufenthalte oder schmerzhafte Erlebnisse –, so bildet sich hierdurch beim Kind eine besonders hohe Sensibilität für potenzielle Gefahrensituationen aus. Gefahren haben deshalb generell in unserer Wahrnehmung einen höheren Stellenwert als gute Nachrichten, weil ein Mensch ohne besondere Positivmeldungen zumindest überleben kann – in Gefahr ist dies rasch fraglich.

Ihr Kind merkt sich leider auch alles

Meiner Erfahrung nach liegt der Ursprung von Angst vor Kontrollverlust immer in der Kindheit und kann sich völlig unterschiedlich und in diversen Schweregraden ausprägen. Menschen bringen sich unbewusst absichtlich immer wieder in ähnliche Situationen, in der Hoffnung, diese endlich kontrollieren zu können: Man sucht sich einen Partner nach dem nächsten, mit dem die Beziehung an immer dem gleichen Konflikt scheitert, man kommt immer wieder zu spät oder provoziert, nur um endlich zu beweisen, dass man nicht schuld ist (und so weiter). Allerdings bedeutet dieses auf Angst basierende Verhaltensmuster nicht automatisch eine Gier nach Katastrophen – das Gegenteil kann ebenso eintreten: Der Mensch legt seine »Scheuklappen« an und hält sich fern von allem, was abenteuerlich, riskant und gefährlich sein kann – nachdem sein unterbewusstes »Radar« ihn davor gewarnt hat.

Die Erkenntnis, dass ein Kind in den ersten Jahren des Lebens sogar ganz besonders anfällig für Traumatisierungen ist, steht konträr zu der leider weitverbreiteten Ansicht des Schweizer Philosophen Johann Georg Sulzer (1720–1779), welcher im Jahre 1748 schrieb:»Diese ersten Jahre haben unter anderem auch den Vorteil, dass man da Gewalt und Zwang brauchen kann. Die Kinder vergessen mit den Jahren alles, was ihnen in der ersten Kindheit begegnet ist. Kann man da den Kindern den Willen nehmen, so erinnern sie sich hiernach niemals mehr, dass sie einen Willen gehabt haben.«

Es steht zu befürchten, dass es aufgrund der »Systemträgheit« noch eine ganze Reihe von Jahren dauern wird, bis dieser verheerende Irrtum endgültig aus den Köpfen der Menschen getilgt ist. Bis dahin werden wohl noch Millionen von Kindern unwissentlich traumatisiert. In vielen Fällen konnte ich nachweisen, dass chronische Krankheiten und Angststörungen bei Erwachsenen darauf zurückzuführen waren, dass sie als Kinder ohne Narkose operiert wurden. Auch der Aufenthalt im Brutkasten, das Fixieren im Gipsbett oder das perinatale Absaugen des Fruchtwassers mittels eines Tubus traumatisiert das Kind mit nachweisbaren Spuren bis ins hohe Alter. Gerade Kettenraucher berichten in Hypnose, dass sie das Gefühl hatten, nach der Geburt nicht selbst über ihre Atmung entschieden zu haben, und daher mit dem Rauchen die Atmung kontrollieren zu wollen.

Ein Erlebnis, welches den gleichen Kriterien entspricht wie die allererste erlebte Erschütterung der Sicherheit durch ein sogenanntes Urtrauma kann übrigens ein solches verschüttetes Trauma »antriggern«, es also als Retraumatisierung wachrufen und damit das seit Jahren angelegte Angstmuster zur Ausprägung bringen. Daher fürchten sich Kinder oftmals in Situationen, in denen wir Erwachsenen keinerlei Gefahrenanzeichen wahrnehmen können. Enge Fahrstühle erinnern an Geburtskomplikationen, Spritzennadeln rufen dieselben Gefühle wie bei der ersten Blutentnahme wenige Minuten nach der Geburt wach; hohe Brücken und Schwimmbadsprungtürme triggern das Gefühl an, welches ein Baby hat, wenn es von einem fremden Menschen an den Füßen hochgehalten und ihm auf den Po geschlagen wird, nur damit es seinen ersten Atemzug macht. Man kann sich diesen Zusammenhang auch umgekehrt vorstellen: Jemand, der nicht weiß, was das rote Licht einer Ampel bedeutet, wird sich wundern, dass alle anderen davor stehen bleiben.

Dieses *Erinnern* geschieht selbstverständlich nicht bewusst, sondern völlig unterbewusst. Daher entwickeln Trigger ja auch eine solch erstaunliche Eigendynamik. Das Unterbewusstsein veranlasst uns zu Dingen, mit denen der Verstand niemals einverstanden wäre.

Ihr Kind ordnet sich unterbewusst Ihnen unter und den jüngeren Geschwistern über. Problematisch ist das, wenn Sie als Eltern Angst vor dem Liebesentzug Ihrer Kinder haben und sich von ihnen tyrannisieren lassen, dann ist die Einordnung in die soziale Eltern-Kind-Rolle irritiert. Genauso wie wenn das zweitgeborene Geschwisterkind extrem hervorgehoben wird, etwa wegen des Wunschgeschlechts, einer Behinderung oder eines anderen Elternteils. Dann verliert das Erstgeborene die soziale Orientierung und wird in seinem Rollenverhalten unberechenbar. Solche Kinder leiden extrem darunter, dass sie Rollensignale oft missdeuten und daher als »schwer erziehbar«, »renitent« oder »ADS-gestört« gelten.

Eltern haben nicht selten ein völlig falsches Verständnis davon, was Kinder überhaupt sind. Kinder sind sicherlich nicht dazu da, um die Eltern zu lieben oder deren Leben einen Sinn zu geben, und schon gar nicht, um deren Defizite auszugleichen.

Falsche Erziehung durch Projektion

Viele Eltern erhoffen sich – ganz unterbewusst – dass ihre Kinder verbesserte Ausgaben ihrer selbst werden. Gerade dann, wenn man das eigene Leben als chancenlos oder nicht erfüllt empfindet, läuft man Gefahr, für seine Kinder *nur das Beste zu wollen,* allerdings mit den eigenen Wertmaßstäben. Dabei müssen wir hier gar nicht so berühmte, wie ebenso traurige Beispiele wie Wolfgang Amadeus Mozart, Michael Jackson oder Charlie Sheen anführen, die allesamt unter dem enormen Erwartungs-Hochdruck ihrer Väter standen, welche versucht haben, sich über die Söhne in Perfektion zu verwirklichen. Schauen Sie sich einfach Ihre eigenen Eltern oder die Ihres Partners an. Ich bin sicher, die meisten von Ihnen entdecken das Muster der Projektion. Wollte man Sie dazu anleiten, ein Instrument zu spielen, das Sie nicht mögen, sich für ein Schulfach zu begeistern, mit welchem Sie nichts anfangen konnten? Sind Ihre Eltern je auf den Gedanken gekommen, dass deren Wertmaßstäbe teilweise nicht nur inkompatibel, sondern sogar schädlich für die eigenen Kinder sein können? Meistens suchen wir doch den Fehler bei anderen – wo er meist nicht liegt –, statt ihn in der eigenen Projektion auf den anderen zu suchen.

Hand aufs Herz: Wie wirken Jugendliche auf Sie, wenn diese gepierct, mit gefärbten und gegelten Haaren äußern »Ich habe keinen Bock, so früh am Morgen zur Schule zu gehen«? Denen müsste man doch mal richtig die Leviten lesen, oder? Wissen die eigentlich, wie gut es ihnen geht? Früher hätten wir uns doch geschämt, wenn wir gewagt hätten, uns zu beklagen! Oder?

Sie wissen schon, was jetzt kommt: Irrtum! Sie selbst waren die Jugend, denen man mal die verwöhnten Ohren lang ziehen wollte – und Ihre Eltern und Großeltern ebenfalls!

Das Phänomen des fehlenden Verständnisses für Folgegenerationen ist uralt ...

Die Jugend von heute – das Ende der Welt!

»Die Jugend von heute liebt den Luxus, hat schlechte Manieren und verachtet die Autorität. Sie widersprechen ihren Eltern, legen die Beine übereinander und tyrannisieren ihre Lehrer.« Diese Aussage ist fast zweieinhalbtausend Jahre alt und stammt von dem antiken griechischen Philosophen Sokrates! Er lebte von 470 bis 399 vor Christus.

Rund hundert Jahre später tönte sein Landsmann Aristoteles (384–322 v. Chr.) in das gleiche Horn: »Ich habe überhaupt keine Hoffnung mehr in die Zukunft unseres Landes, wenn einmal unsere Jugend die Männer von morgen stellt. Unsere Jugend ist unerträglich, unverantwortlich und entsetzlich anzusehen.« Noch viel älter, nämlich rund viertausend Jahre, ist ein Keilschrifttext aus der Stadt Ur. Er mahnt: »Unsere Jugend ist heruntergekommen und zuchtlos. Die jungen Leute hören nicht mehr auf ihre Eltern. Das Ende der Welt ist nahe.« Ich kann mich noch sehr gut daran erinnern, wie die Mutter einer Freundin mir erzählte, sie habe von ihrer Mutter Schläge mit dem Kochlöffel bekommen, weil sie die *Beatles* hörte. Die Beatles! Ist das nicht jene schwerstkriminelle Sündenvereinigung, die schon zu Zeiten von Sodom und Gomorrha die Menschheit zu Schandtaten wie Sex und Drogen verführte? Oh, mein Gott, die Beatles!

Es wird also wirklich allerhöchste Zeit: Wir sollten aufhören, mit dem erhobenen Zeigefinger zu behaupten, die Jugend sei unser Untergang. Ich denke: *Trotz* Erziehung haben wir es immer wieder geschafft, eine einigermaßen anständige und lebenswerte Welt hinzubekommen.

Ich sage hier ganz deutlich: Anstelle zu »erziehen«, sollten wir lieber alle nachahmenswerte Vorbilder sein. Dazu gehört, dass man seinen eigenen *Keller mal aufräumt,* also seine Probleme löst, seine Glaubenssätze überprüft und sich von den eigenen Eltern emotional abnabelt. Sobald Sie wirklich reif und erwachsen sind, wird Ihr Kind nicht mehr so sehr auf andere hören, etwa auf die Großeltern, die sich mit Geld und Schokolade liebkind machen, oder auf die rauchenden Schwererziehbaren, die in der Schulpause Toilettentüren eintreten.

Erziehen Sie nicht – seien Sie Ihren Kindern ein erwachsenes Vorbild [32]

Der Begriff »Erziehung« ist alt. Er hat tatsächlich mit Ziehen zu tun. Er leitet sich ab von *irziohan* (althochdeutsch für *herausziehen*) und bedeutet, jemandes Geist und Charakter zu bilden und seine Entwicklung zu fördern. Im Allgemeinen versteht man unter Erziehung soziales Handeln, welches bestimmte Lernprozesse bewusst und absichtlich herbeiführen und unterstützen will. Sie soll relativ dauerhafte Veränderungen des Verhaltens erreichen, die bestimmten, vorher festgelegten Erziehungszielen entsprechen. Was Erziehung leistet, lässt sich gut mit »seine eigene Überzeugung von Zusammenleben weitergeben« beschreiben.

Es gibt keine allgemeingültige Definition von Erziehung. Jedoch lassen sich einige Eigenschaften isolieren, die als Grundvoraussetzungen für erzieherisches Handeln betrachtet werden können. Erziehung, so wie ich sie fasse, ist ...

- *kommunikativ:* Erziehung transportiert Informationsinhalte.
- *interpersonal:* Erziehung ist ein Geschehen zwischen Personen (im Gegensatz zur Bildung, bei welcher Medien, wie etwa Schulbücher, die Informationsquelle bilden).
- *hierarchisch:* Erziehung wirkt unidirektional vom Erzieher zum Erziehenden (oder auch Zögling), nicht umgekehrt.
- *teleologisch:* Erziehung ist immer an bestimmten Erziehungszielen ausgerichtet. Diese Ziele sind gesellschaftlich und kulturell völlig variabel.

- *interaktiv:* Der Erzieher muss für den Zögling intellektuell oder emotional wahrnehmbar und verständlich sein.
- *protektiv, konstruktiv, modifikativ:* Der Zögling soll durch Erziehung geschützt, entwickelt und aus seinem bisherigen Status quo herausgeführt werden.
- *intentional:* Erziehung wird im allgemeinen Sinne als absichtsvoll verstanden. Doch der quantitativ weitaus größere Umfang der Erziehung ist die eher beiläufige und unbeabsichtigte funktionale Erziehung.
- *kongruent:* Der Zögling muss der Erziehungsabsicht, damit sie erfolgreich ist, im Grunde zustimmen, da sie sonst Widerstand erzeugt.

Und genau der letzte Satz dieses Fachchinesischs ist meiner Ansicht nach der bedeutendste. Hat ein Kind nämlich das Gefühl, dass Erziehung zu stark mit seinen eigenen Absichten kollidiert, so entwickelt es einen Widerstandsgeist. Dieser steigt mit dem Grad der empfundenen Einschränkung. Sie wissen: Die eigene Absicht möglichst widerstandsfrei zu verwirklichen, das ist die Grundformel menschlichen Verhaltens.

Der Algorithmus der Psyche

Der Wiener Arzt und Pionier der Individualpsychologie, Alfred Adler (1870–1937), beschrieb dies bereits in Ansätzen und nannte es »das Streben nach Macht«. Auf diesem Streben gründe, so Adler, jegliches menschliche Verhalten, ob pathologisch oder gesellschaftskonform. Da der Begriff »Macht« bei uns Deutschen oft leider mit »Machtmissbrauch« gleichgesetzt wird, obwohl »Handlungsfähigkeit« eher das passende Synonym wäre, möchte ich für Adlers Beschreibung den etwas wertneutraleren Ausdruck »Algorithmus der Psyche« verwenden. Diese Grundformel macht menschliches Verhalten so berechenbar wie das Wetter: noch nicht sehr exakt, aber zunehmend vorhersagbarer.

Die eigene Absicht möglichst widerstandsfrei zu verwirklichen erklärt die menschliche Vorliebe für Fernbedienungen, Distanzwaffen, Autos, Werkzeuge und alles, womit man mit geringem Aufwand eine große Wirkung erzeugen kann. Hierbei wird die *Absicht* – »Ich will ins Freibad!« – durch die Persönlichkeit bestimmt und der subjektiv empfundene *Widerstand* – »Ich muss zur Arbeit!« – durch den Grad der Entfaltungsmöglichkeit.

Zur Verwirklichung einer Absicht stehen dem Menschen drei verschiedene Strategien zur Verfügung: die Offensive, die Defensive und die Akzeptanz. Das bedeutet, entweder begegnet man dem Widerstand mit Gegendruck, mit Rückzug oder mit Diplomatie. Kinder haben nur die ersten beiden Strategien zur Verfügung. Bei Einschränkungen reagieren sie entweder mit Trotz und Protest oder Kuschen und Schmollen. Beide Strategien tragen selbstverständlich nicht zur Lösung eines Konfliktes bei, sondern dienen lediglich dem Vermeiden von Grenzberührungen. Als Grenze bezeichne ich alles, was vom Menschen subjektiv als Widerstand empfunden wird: Ablehnung, Strafe, Verbote, Unvermögen, destruktive Kritik, Hinderung, Beschuldigungen und dergleichen. Welche Strategie letztlich bei welcher Art von Grenze zur Anwendung kommt, entscheidet der Charakter, also die Summe aller prägenden Erfahrungen im Umgang mit der Umwelt.

Der Begriff Algorithmus kommt zwar aus der Mathematik, aber er passt hier ganz gut, denn es geht um eine *Berechnungsvorschrift* zur Lösung eines Problems. Die menschliche Psyche ist zwar sehr vielschichtig (komplex), aber gar nicht so kompliziert, wie man immer denkt. Im Gegenteil: Den Börsenkurs einer Aktie für eine Woche im Voraus zu berechnen ist wahrscheinlich schwieriger, als abzuschätzen, wie ein erstgeborener Teenager mit Sternzeichen Widder, der mit einem cholerischen Vater und einer sehr herrischen Mutter aufgewachsen ist, auf bevormundende Ermahnungen seines Schuldirektors aufgrund seiner dritten Schulhofschlägerei reagieren wird. Na, wie wohl? Mit Einsicht, Reue und der Bitte um Entschuldigung? Haha! Ein Trotzverhalten ist doch wohl wahrscheinlicher.

Ich behaupte, dass die menschliche Psyche durchaus nach berechenbaren Gesetzmäßigkeiten auf zu lösende Probleme agiert. Es ist für mich unverständlich, dass solch komplexe Informationen sowohl über das Problem als auch über die zur Lösung notwendigen Strategien schon längst erforsch- und fassbar sind, diese aber keinesfalls Einzug in die Fakultäten fand, geschweige denn der Allgemeinheit zugänglich gemacht werden. Die menschliche Psyche zu verstehen ist sicher nicht komplizierter als eine Wetterprognose! Da wir hier sogar von einem geisteswissenschaftlichen Thema sprechen, ist der Algorithmus der Psyche sogar für Nichtmathematiker ganz leicht zu verstehen:

Das primäre Ziel der Psyche ist Manifestation in der Realität bei minimalem Widerstand und maximaler Entfaltung.

Oder einfacher, wie oben bereits gesagt: *die leidfreie (widerstandsfreie) Verwirklichung der eigenen Absicht.*

Danach streben alle. Das bedeutet zugleich, dass wir unglaubliches Leid in Kauf nehmen, nur weil wir den leichteren Weg nicht kennen. Schlimmer noch: Es ist hierzulande sogar eine verächtliche Floskel, den »Weg des Wassers zu gehen« um jemanden zu rügen, der es sich mit einer Aufgabe einfach macht. Dabei entspricht der Versuch des geringsten Energieverlustes physikalischen Gesetzen.

Wenn Erziehung aber doch dafür sorgen soll, dass unsere Kinder sich zu integren Mitgliedern unserer Gesellschaft entwickeln, wäre es fatal, wenn genau dieses Ziel zum sprichwörtlichen roten Tuch für Heranwachsende würde – und doch geschieht es so leider seit Hunderten von Jahren. Der Diplom-Pädagoge und Leiter des Deutschen Coué-Instituts für Problemlösung, Franz-Josef Neffe, sagt in seinen Vorträgen und Seminaren: »Was machen Eltern, wenn deren Erziehung nicht funktioniert? Sie fangen an, Druck aufzubauen. So wird aus *Erziehung* *Erdrückung!*«

Und Druck erzeugt immer Gegendruck, ganz abgesehen davon, dass niemand durch Erziehung erwachsen wird, sondern unterdrückt bleibt.[33]

Erschwerend kommt hinzu, dass dieser Widerstandsgeist, wenn er zu früh geweckt wird, als Verhaltensmuster angelegt wird und ein Leben lang erhalten bleiben kann. Da aber kaum ein Mensch sich dieses Umstandes bewusst ist, geben wir fast alle seit ewigen Zeiten etwas an unsere Kinder weiter, das wahrscheinlich noch nie zum Wohle des Kindes gereicht hat. Somit haben wir dann genau das Gegenteil von dem bewirkt, was Erziehung eigentlich leisten sollte, und ernten Trotz, Angst, Auflehnung und Einschüchterung. Erziehung ist nicht wie eine Input-Output-Maschine – was man hineingibt, bekommt man heraus –, sondern der Erziehungserfolg ist davon abhängig, wie der »Input« verarbeitet wird.

Im Prinzip entscheidet ein Kind, wie es sich von Ihnen erziehen lässt. Es orientiert sich dabei an Ihrer Handlungsfähigkeit, also nur daran, ob Ihr Verhalten zum Durchsetzen Ihrer Absicht taugt oder nicht. Beispielsweise kann depressives Verhalten eines Elternteils durchaus ein Kind zum Nachahmen einladen, wenn die Depression eingesetzt wird, um Rücksichtnahme und Entgegenkommen zu erpressen. Wenn Sie Dinge erst auf den letzten Drücker erledigen, dann wundern Sie sich nicht, wenn Ihr Kind das schließlich auch tut. Und wenn Sie pedantisch planen und alles stets rechtzeitig vorbereiten und Ihr Kind den Sinn dessen nicht erkennt und darunter leidet, dann wird es völlig selbstverständlich eine Prokrastination (»Aufschieberitis«) entwickeln.

Ein Kind nimmt erzieherische Absicht nur an, wenn diese als Verwirklichung förderlich empfunden wird. Erziehung durch Einsicht nennen das die Pädagogen. Das heißt, all das, womit ein Kind glaubt, im Leben durchsetzungsfähig zu sein, wird ebenso angenommen. Das kann, wie gesagt, sowohl emotionale Erpressung durch depressives Verhalten sein als auch cholerische Ausbrüche, Liebesentzug, Ignoranz, Hypochondrie und vieles mehr. Hauptsache ist, ein Kind stellt fest, dass dieses Verhalten von Durchsetzungserfolg gekrönt ist und nicht mit eigenen Erfolgskonzepten kollidiert. Die Nachhaltigkeit des Erfolges spielt im frühen Kindesalter keine Rolle, da dem Kind der zeitliche Horizont fehlt. Da Kinder glauben, das elterliche Verhalten sei stets gerechtfertigt, können sie ohne moralische Schwierigkeiten auch unmoralisches Verhalten adaptieren – Eltern zeigen ihnen ja, dass es offenbar gestattet ist.

Modelllernen nennen die Pädagogen diese Art der Selbsterziehung. Kinder benutzen Eltern teilweise als »Kopiervorlage« für Verhalten, selbst wenn dieses gar nicht in der Absicht der Eltern lag.

Daher brauchen Kinder auch friedliche Vorbilder, die respektvoll miteinander umgehen. Kinder zu ermahnen, nicht schlecht über andere zu reden, andere nicht zu beschimpfen und keine Gewalt anzuwenden, wirkt äußerst unglaubwürdig, wenn Eltern selbst Dinge äußern, wie ich sie neulich durch Zufall auf der Straße mitbekommen habe: Da sagte ein Vater im Beisein seines etwa vierjährigen Sohnes zu seiner Frau: »Wenn ich deinen Chef zu packen kriege, drehe ich diesem Idioten den Hals um!« Vom Sohn hörte ich dann die Frage: »Papa, krieg ich ein Eis?«, woraufhin der Vater erwiderte: »Das heißt nicht ›krieg ich‹! Sag mal ›bitte‹, sonst gibt's nichts mehr, klar!« Auweia! Sein eigenes Verhalten zu reflektieren sollte Pflichtfach im Schulunterricht werden.

Doch selbst wenn Sie als Eltern einen vorbildlich kultivierten Umgang mit Ihren Mitmenschen pflegen – Gefahr durch ganz unterschwellige Beeinflussung droht Ihren gut erzogenen Kindern durch die Medien: Gewaltverherrlichende Spielfilme, Songtexte oder Computerspiele liefern dem Kind in jedem Fall eine Vorstellung davon, dass Gewalt eine Handlungsoption ist. Ob es dann im Anschluss davon Gebrauch macht, hängt von vielen Faktoren ab, daher kann man auch nicht pauschal sagen, dass Gewaltdarstellungen auch zu gewalttätigem Verhalten führen, so, wie es in den Diskussionen für und gegen Brutalität im Fernsehen und in Computerspielen oftmals angeführt wird. Wenn Sie jedoch wissen, dass ein Kind alles lernt, wovon es sich einen Gewinn für seine Handlungsfähigkeit verspricht, und zudem noch bis zum Grundschulalter im Wertesystem leicht zu beeinflussen ist, dann werden Sie Medien gegenüber sicher etwas vorsichtiger sein.

Wundern Sie sich also nicht, wenn die *Gesetze,* die Sie geschaffen haben, wie etwa *sich respektlos anschreien* oder *gelangweilt den anderen ignorieren,* von Ihren Kindern befolgt werden. Sie sind ein Vorbild – wenngleich dies nicht unbedingt immer so von Ihnen beabsichtigt ist. Wenn Sie immer wieder sagen sollten: »Geschichte ist ein überflüssiges Drecksfach, ich habe es in der Schule immer gehasst!«, dann kann Ihr Kind es nicht riskieren, sich für Geschichte zu begeistern, denn dann würde es Sie ja verärgern oder beschämen – so denkt es zumindest. Denn: *Kinder erziehen sich selbst – mittels ihrer Eltern.*

Als Vermittler für Lerninhalte sind Glaubwürdigkeit und Kompetenz notwendig: Das, was vermittelt werden soll, darf keinen Platz für Bedenken oder Zweifel lassen.

Wenn Sie also wollen, dass ein Kind wirklich zufrieden, beliebt, erfolgreich und glücklich ist, leben Sie ihm in nachahmenswerter Weise vor, wie Sie selbst diese Eigenschaften ausleben – ansonsten wird es für Sie wirklich schwierig!

Die »Eimerkette« der kulturellen Altlasten

Da Erziehung immer teleologisch ist, also immer Erziehungsziele die Erziehungsinhalte bestimmen, leuchtet ein, dass Eltern kaum anders können, als ihre Normen und Werte an den Nachwuchs weiterzugeben. Hieraus ergibt sich ein gehöriges Konfliktpotenzial: Was für unsere Generation als gut und richtig galt, das, womit wir in unserer Gesellschaft erfolgreich und zufrieden leben konnten, gilt womöglich für unsere Kinder nicht mehr oder verkehrt sich sogar ins Gegenteil. Betrachten wir das in vielen Gesellschaften verbreitete Erziehungsziel »angepasst sein«, so ergibt sich für die Menschen die Maxime »bloß nicht auffallen«. Für eine Gesellschaft, wie wir sie etwa Mitte des letzten Jahrhunderts hatten oder in einigen nordafrikanischen oder nahöstlichen Ländern aktuell haben, ist diese Tugend von äußerster Wichtigkeit. Mitglieder, die »aus der Reihe tanzen«, kann eine Gesellschaft, die sich gerade erst neu sortiert, abgrenzt und auf Zusammenhalt angewiesen ist, kaum verkraften. In einer Gemeinschaft, die sich mitten im Prozess der Identitätsfindung und Normdefinition befindet, ist ein Tabubrecher das Letzte, was sie braucht.

Anders in einer Fortschritts- und Entwicklungsgesellschaft wie etwa der unseren heutzutage: Ein Mindestmaß an Stabilität ist längst erreicht. Wir benötigen weder die Todesstrafe noch Bestechungsgelder für Polizisten, Politiker und Richter noch Schusswaffen unter dem Kopfkissen, um in Frieden leben zu können. Wir können bereits ein paar Schritte weitergehen und mit den Möglichkeiten des gesicherten sozialen Zusammenlebens umgehen. Wir können ausprobieren, ob man nicht mehrere Berufe gleichzeitig oder hintereinander ausüben, Sex vor der Ehe oder mit dem gleichen Geschlecht haben, seinen eigenen Glauben finden oder alternative Formen des Zusammenlebens entdecken kann – und das alles, ohne dass wir damit unsere Gesellschaft oder uns selbst in Gefahr bringen. Es ist sogar möglich, dass jemand zur eigenen Gesellschaft eine völlig konträre und kritische Meinung entwickelt und publiziert, ohne dass er damit automatisch als bösartig, feindlich oder gefährlich empfunden wird. Versuchen Sie das einmal in China, Saudi-Arabien oder Nordkorea! Allein dieser letzte Satz würde dort wahrscheinlich als suspekt eingestuft.

Die Kultur erzieht also immer unterschwellig, aber massiv mit. So wird seit Hunderten von Jahren noch immer an Kinder weitergegeben, was schon längst nicht mehr erstrebenswert, geschweige denn Erfolg versprechend ist. Dennoch hören Kinder auch heutzutage noch den altbekannten Satz: »Das macht man nicht!« – ohne jegliche reflektierte Begründung! »Bloß nicht auffallen« ist noch immer in den Köpfen von Eltern verankert und landet auf den Schultern ihrer Kinder. Doch diese fallen dann eben nicht auf und werden in der Gesellschaft konsequenterweise übergangen, wenn es um Karriere, Partnerschaften oder gesellschaftliche Anerkennung geht. Wer nicht auffällt, der bewegt eben auch nichts. Ein autoritäres System erzieht hörige Untertanen – ein liberales und demokratisches System benötigt aber verantwortungsbewusste und reflektierte Menschen.

In meinen Vorträgen bringe ich diesbezüglich ein Beispiel von einem Experiment mit Affen. Diese fanden in ihrem Gehege ein Kletterseil an der Decke vor. Doch immer, wenn ein Tier das Seil berührte, wurde durch einen Mechanismus ein Strahl kaltes Wasser darauf gerichtet. Die erschreckten, nass gewordenen Tiere begannen damit, die unerfahrenen Tiere, insbesondere den eigenen Nachwuchs, mit Vehemenz daran zu hindern, das Seil zu berühren. Nach einiger Zeit vermieden sämtliche Affen den Kontakt mit dem Seil. Der Wasser-Mechanismus wurde abgeschaltet, doch das Seil blieb unberührt. Nach und nach wurden alle Tiere aus dem Gehege gegen Unerfahrene ausgetauscht. Nicht eines der dort lebenden Tiere hatte jemals das Seil berührt, geschweige denn kaltes Wasser abbekommen, doch noch immer hinderten die älteren Tiere die jüngeren mit Schreien und Beißen daran, das Seil zu berühren – ohne zu wissen, warum! Das ist Erziehung! In diesem Fall also das völlig unreflektierte Weitergeben einer Verhaltenslöschung zu dem Zweck, den Nachwuchs vor Schaden zu bewahren. Hierdurch wird zum einen das Vertrauensverhältnis zwischen Eltern und Kind gestört, denn die Eltern sind für die Kinder die einzige wahrnehmbare Gefahrenquelle. Zum anderen wird die Entwicklung einer Gesellschaft blockiert. Ein neugieriger Affe hätte ohne Verhaltenslöschung herausfinden können, dass die Mechanik längst abgeschaltet war. Allein durch die Angst der Eltern vor Gefahren werden Kindern diese Ängste mit übertragen – selbst dann, wenn diese weder hilfreich noch begründet sind.

Wir leben noch im Nachbeben des Dritten Reiches. Wer nicht systemkonform ist, der wird als Außenseiter gebrandmarkt. In einigen Teilen Deutschlands wurde dieser Geist sogar noch einige Jahrzehnte länger aufrechterhalten. Davon müssen wir uns erst einmal wieder erholen. Der befreiende Wandel hin zur verantwortungsbewussten Selbstbestimmtheit könnte möglicherweise innerhalb von drei bis vier Generationen vollzogen sein, falls nicht wieder erneut eine große Anzahl von autoritär geprägten Menschen die gesellschaftlichen Strömungen mitgestalten würde. Aber, wie heißt es so schön: Wir schaffen das!

Sie programmieren Seelen!

Spätestens jetzt bekommen Sie allmählich ein Verständnis dafür, welchen ungeheuren Einfluss Eltern und Ahnen auf ihre Kinder haben, ob sie wollen oder nicht und ob sie sich dessen bewusst sind oder nicht. *Eltern programmieren Seelen,* so möchte ich es ausdrücken, denn mit ihrer Denkweise, ihrem Verhalten und ihrem Auftreten formen Eltern menschliches Verhalten, welches sich ein Leben lang erhalten kann. Ich möchte hier nichts Geringeres sagen, als dass Eltern verantwortlich sind für Kriege, Terrorismus und Kriminalität, denn die Täter haben aufgrund erzieherischer Einflüsse solche Charaktere entwickelt – meist von den Eltern unbeabsichtigt, versteht sich. Deshalb ist es müßig, nach einem Schuldigen zu suchen, denn Eltern waren ebenfalls einmal Kinder und deren Eltern ebenso. Daher bemühe ich niemals das Wort »Schuld«, sondern rede bewusst von Verantwortung – und die haben Erzieher nun einmal. Allerdings besteht genau darin die große Hoffnung: dass die Menschen eines Tages – was sicherlich nicht innerhalb weniger Jahrzehnte zu erwarten ist – aufhören, aus Menschen *unmündige Kinder* zu machen, und aufhören, sich wie autoritäre Vorgesetzte zu benehmen, sondern ihren Nachwuchs auf gleicher Augenhöhe ansehen, wie es ja in vielen nativen Kulturen der Fall ist.

Zu uns ins Institut kommen Menschen, die seit Jahrzehnten bereits emotionale Störungen wie Selbstzweifel, Versagensängste, Schuldgefühle, psychosomatische Störungen und chronische Krankheiten hervorbringen. Da gab es den hochintelligenten Berufsversager, der bereits mit dreißig Jahren keine Erwartungen mehr an das Leben stellte, und sich, um einen Berg Schulden abzuarbeiten, in einem niveaulosen und schlecht bezahlten Job halb tot arbeitete, wenn er nicht ohnehin gerade krankgeschrieben war; sein Talent als begnadeter Künstler entdeckte er erst, als seine zu Tode gelangweilte Frau ihn endlich verlassen hatte. Oder aber die brave Hausfrau, die zwar mühelos Kreuzworträtsel in sechs Sprachen lösen kann, sich aber mit Rückenschmerzen vom Berg der Bügelwäsche zum Geschirrspülen schleppt; bis zum Termin in meiner Praxis (es ging ums Abnehmen) war sie noch niemals auf die Idee gekommen, sich selbst als »intelligent« zu bezeichnen. Früher hat sie einmal Klavier gespielt, heute verraten nur die wachen Augen, dass es in ihrem Kopf noch eine Welt jenseits der stupiden Hausarbeit geben muss, die sie seit fünf Jahrzehnten für einen undankbaren und missgünstigen Ehemann macht. Ich erlebe Menschen, deren Leben so visionslos, so wenig ambitioniert, so leidenschaftslos verläuft, dass sich hier ganz offen die Sinnfrage aufdrängt. Allesamt waren sie einmal aufgeweckte Kinder voller Elan, Neugier, Wissensdurst, Risikobereitschaft und Freude gewesen – im Alter keine Spur mehr davon!

Bis auf wenige Ausnahmen liegt die Ursache darin, dass Eltern ihre Kinder missverstanden, verkannt, bevormundet, falsch behandelt und unter zu hohen Erwartungsdruck gesetzt haben. Ich kenne keinen einzigen Fall, wo ein Mensch aus einem friedlichen, harmonischen, reflektierten und liebevollen Elternhaus derartige Störungen entwickelt hat. Ganz davon abgesehen, kenne ich ohnehin nur sehr wenige Menschen, die tatsächlich ein solches Elternhaus genossen haben. Aber wenn wir uns doch ohnehin alles Gute für unsere Kinder wünschen, dann sollten wir uns auch dessen bewusst sein, wie man dieses »Gute« erlangt.

Bitten Sie Ihr Kind um Entschuldigung

Ich weiß, dass Sie Ihre Kinder lieben – und lieben wollen, doch Kinder wissen nicht, dass sie geliebt werden. Aufgrund des Urvertrauens – also des bedingungslosen Vertrauens den eigenen Eltern gegenüber – gehen Kinder selbstverständlich davon aus, dass Eltern, ohne mit der Wimper zu zucken, tatsächlich bereit sind, die Fürsorgebeziehung zu kündigen. Kinder vertrauen Ihnen und glauben es einfach, wenn sie hören: »... dann hat Mami dich nicht mehr lieb!« Oder: »Wenn du weiter so frech bist, nehmen wir dich nicht mit nach Hause.« Kinder fühlen sich von Eltern vollständig abhängig und gehen davon aus, dass man diese ernst nehmen kann.

Ich habe einmal erlebt, wie eine Mutter in einem Drogeriemarkt ihrer etwa vierjährigen Tochter in der Warteschlange der Kasse sagte: »Bleib hier stehen.« Dann ging die Mutter zu einem Regal mit Schminkartikeln außer Sichtweite. Das kleine Mädchen sah sich um, verließ die Warteschlange und suchte seine Mutter. Diese fing sofort an, mit der Tochter zu schimpfen (vermutlich, weil sie um den Platz in der Warteschlange fürchtete). Beim Kassiervorgang beschäftigte sich das Mädchen dann gedankenversunken mit einigen bunten Plastiktüten an der Kasse, derweil die Mutter heimlich und leise durch den Ausgang verschwand. Als das Mädchen aufblickte, war die Mutter verschwunden. Man hörte zuerst ein leises »Mama?«, dann ein verunsichertes lauteres »Mama!?« und dann ein herzzerreißendes Weinen: »Maamaa!!« Die Mutter eilte herbei und versuchte, ihrem Kind zu erklären, dass es selbst schuld sei, weil es nicht auf sie gehört hatte. Was war der Zweck dieser Übung? Die Mutter wollte erreichen, dass das Kind folgsamer werden würde und sie sich somit besser auf die Kleine verlassen konnte. Ich bin sicher, dass die Mutter ihren Erziehungsversuch gut gemeint hat, aber da die Kleine noch immer untröstlich weinte, liegt es fast nahe, dass die Tochter hier keine Erziehung, sondern eine Re-Traumatisierung erlebt hat. Ich kann natürlich nur mutmaßen, aber ich glaube nicht, dass sich die Tochter eines Tages für dieses Erlebnis bei ihrer Mutter bedanken wird. Als vertrauensbildend und selbstwertstärkend wird sie diese Lektion wahrscheinlich nicht verbuchen können, obwohl es von der Mutter vielleicht so gedacht war. Kinder wissen nicht, dass sie geliebt werden, schon gar nicht, wenn sie eine Behandlung erfahren, deren Sinn sich ihnen nicht erschließt.

Was bedeutet das fürs Schülercoaching?

Es bedeutet, dass Sie wahrscheinlich schon längst Ihr Vertrauen verspielt haben und Ihre Kinder im Schulalter oder gar Teenageralter Ihnen einfach nicht glauben, dass Sie gute Absichten haben. Zu oft haben Sie Ihr Kind verletzt, sodass es sich vielleicht nicht gefördert fühlt, sondern Ihnen zuliebe manchmal etwas mitspielt. Das ist der Grund, warum ich am Anfang des Buches dazu geraten habe, den Kindern dieses Buch nicht aufzudrängen, sondern es ihnen eher zu verweigern, da sonst der Inhalt dieser Seiten höchstens in der geistigen Trotz-Mülltonne, aber nicht im Herzen landet, wo es aber hingehört.

Zählen Sie selbst einmal zusammen, wie viele lobende und fördernde Bemerkungen Sie Ihren Kindern gegenüber in den letzten Tagen gemacht haben – im Vergleich zur Kritik. Sie werden überrascht sein: Das, was Kinder an Kritik hören, entspricht vielleicht nur einem geringen Bruchteil dessen, was Sie als stolzer Elternteil über Ihr Kind *denken,* macht aber womöglich den *Hauptteil* dessen aus, was Sie zu dem Kind *sagen.* Dessen Eindruck ist dann fast zwangsläufig, dass es stets kritisiert wird und bereits seine Existenz Grund zur Beschwerde ist. Kinder glauben etwa bis zum achten Lebensjahr, Eltern seien der Maßstab aller Dinge. Aus ihrer Sicht haben Eltern immer genügend Geld, um sich damit alles kaufen zu können; sie dürfen abends so lange aufbleiben, wie sie wollen, und zudem dabei alles tun und lassen, was ihnen beliebt. Die logische Schlussfolgerung ist: Wer solch eine Macht und Freiheit hat, der hat keine Probleme. So zumindest denken viele Kinder. Das Schlimme ist, dass Eltern ihre Probleme zudem noch vor den Kindern zu verbergen versuchen (»Psst, Schatz! Das können wir doch vor den Kindern nicht besprechen!«), sodass Kinder rasch zu dem Schluss kommen können, Eltern seien vollkommen, perfekt, schlichtweg Halbgötter. Mit diesem Mythos wachsen Kinder heran und suchen die Ursache für Konflikte zunächst bei sich, obwohl sie eigentlich ahnen, dass sie weder dumm noch böse sind, sondern einfach nur unreif. Dass diese »Halbgötter« leider auch verheerende Fehler machen, wie etwa den Partner als Scharfrichter für die Kinder zu missbrauchen, sind sich Eltern möglicherweise gar nicht bewusst.

An dieser Stelle möchte ich ein Gedicht zitieren, welches in diesen Zusammenhang passt und welches ich kürzlich von meiner Frau vorgelesen bekam. Es ist von dem deutschen Mikrobiologen und Schriftsteller Hans-Curt Flemming und kommt aus seinem aktuellen Gedichtband »annäherung 2.0«.

Es trägt keinen Titel, aber es hat mich so berührt, dass ich es Ihnen nicht vorenthalten möchte, zumal es gut in diesen Zusammenhang passt. Ich habe von ihm persönlich die Erlaubnis, es hier abzudrucken, wofür ich ihm sehr dankbar bin.

> warte nur
> bis der vater
> heimkommt
>
> sagte meine mutter
> nach besonders schlimmen
> schandtaten
>
> das warten
> war ein teil
> der strafe
>
> und mein vater
> fragte sich nie warum
> ich mich nicht
>
> freute
> wenn er
> kam
>
> *Hans-Curt Flemming*[34]

Die Gefahr, die sich darin verbirgt, ist, dass Kinder, die ja nun einmal Orientierung und damit Vorbilder brauchen, in weiten Teilen das Verhalten der Eltern kopieren und adaptieren. Das geschieht zudem so unbewusst, dass die jungen Erwachsenen es kaum für möglich halten, eine eigene elterliche Handschrift zu zeigen. Dabei tragen sie ihre eigenen Konflikte ähnlich aus wie einst ihre Eltern, denen man womöglich niemals gleichen wollte. Sie kennen bestimmt den Satz: »Ich wollte niemals so sein wie meine Eltern –

und jetzt stelle ich fest, dass ich genauso bin!« Wir hören ihn in der Beratungspraxis ständig.

Also fassen Sie sich ein Herz und ergreifen Sie eine Gelegenheit, bei der Sie Ihre Kinder um Verständnis und Verzeihen bitten.

Bedenken Sie: Man kann sich selbst nicht entschuldigen, man kann nur den anderen um Entschuldigung bitten. Wenn der andere diese Bitte ablehnt, dann darf man nicht beleidigt sein, denn sonst entlarvt man sich als heimtückischer Trickser. Bedenken Sie, dass Ihr Kind Ihren Friedensversuch testen wird. In der Regel viermal in Folge. Wenn Sie wirklich Ihrem Kind helfen wollen, aus der Kinderrolle herauszukommen, sodass Sie als Eltern unschädlich werden, dann halten Sie durch bis zum Ergebnis. Je älter Ihr Kind ist, desto authentischer müssen Sie sein, weil nur kleine Kinder Ihnen automatisch glauben – die großen nicht.

Ich riet einem Vater vor einer Weile, sich fortan völlig aus den schulischen Belangen seines Sohnes herauszuhalten. Wie reagierte der Sohn? Er provozierte zunächst und testete, ob der Vater das auch wirklich ernst meinte mit der Nichteinmischung. Natürlich vergeigte dieser den Test völlig. Das Verhältnis zueinander wurde schlimmer. In einem Telefonat gelang es mir, dem Vater mit einer gehörigen Kopfwäsche zu erklären, dass dieser tatsächlich glaubte, seinen Sohn belügen zu können – indem er ihm Freiheit versprach, diese aber nicht einräumte – was dieser ihm übel nahm. Ich sprach daraufhin auch mit dem Sohn und erklärte ihm, dass sein Vater – ein sehr erfolgreicher Geschäftsmann – einfach ein Kontrollfreak und damit ein Angsthase war, der kein Vertrauen hatte. Das Ergebnis rund zwei Jahre später: Alles läuft rund. Der Vater versucht, etwas mehr zu vertrauen – und der Sohn ist immun gegen die väterliche Kontrolle.

Den Perfektionismus überwinden

Bei einer Vortragsveranstaltung an einem Holsteinischen Gymnasium im März 2020 bat mich eine junge Lehrerin um Rat: Sie verstehe ja, dass Schulnoten eigentlich falsch seien, aber sie als Lehrerin wäre nun einmal an die Notengebung gebunden. Und wenn ein Schüler nun eine schlechte Note bekäme, würden die Eltern ja schließlich Druck ausüben. Ja, da hatte sie recht: Die Eltern sind mit ihrer eigenen Versagensangst und ihrem eigenen Perfektionismus für die Kinder keine Hilfe.

Zur Erklärung: Ein Perfektionist ist nicht etwa jemand mit einem hohen Qualitätsanspruch, sondern jemand, der Angst vor Fehlern hat. Wer für Fehler immer bestraft wurde und fortan versucht, alles perfekt zu machen, übersieht dabei, dass ein gutes Ergebnis nicht auf Kosten der Lebensqualität gehen darf, da sonst das Gesamtergebnis alles andere als perfekt ist. Apropos »übersieht«: Perfektionisten haben nicht selten eine deutliche, über der Nasenwurzel eingegrabene Stirnfalte – das kommt vom angestrengten und häufigen Zusammenziehen der Augenbrauen zum Zwecke der Fokussierung – und sind nicht selten auch kurzsichtig. Wenn man einem Kind sagt: »Träume nicht herum! Schau genau hin! Hast du keine Augen im Kopf? Sieh nicht so viel fern, lies lieber mal ein Buch!« – dann übertrainiert das Kind die Augenmuskulatur, die für das Nahsehen zuständig ist, und vernachlässigt die Augenmuskeln für das entspannte In-die-Ferne-Sehen. Das macht kurzsichtig. Nun wissen wir aber, dass Druck, Angst und Anstrengung das Gegenteil von einem Erfolgsgaranten sind. Sie sehen, ein Perfektionist ist sicherlich kein Vorbild für Erfolg in größter Gelassenheit.

Um dieses Muster loszuwerden, damit Sie selbst flexibler werden und auch Ihren Kindern ermöglichen, die Dinge nicht einseitig perfekt, sondern optimal, also im Sinne des Ganzen zu machen, ist es wichtig, dass Sie den Verursachern, also Ihren eigenen Eltern, ihre Fehler verzeihen.

Denken Sie bitte einmal an Ihre eigene Kindheit: Musste wirklich jedes Ihrer Vergehen geahndet werden? Brauchten Sie bei jedem gesellschaftlichen Fehltritt Strafe? Waren Sie als Kind wirklich nicht in der Lage, Ihr eigenes Verhalten moralisch zu bewerten? Wird ein Mensch zum Verbrecher, nur weil man ihn damals bei einer Schandtat nicht erwischt hat? Sie kennen die Antworten! Die moralische Entwicklung eines Menschen ist ein komplexer Prozess, der an Reife gebunden ist und durch Erfahrungen verstärkt wird. Der amerikanische Psychologe Lawrence Kohlberg (1927–1987) schuf ein Stufenmodell der moralischen Entwicklung. Demnach wird ein Mensch im Laufe seines Lebens durch vielfältige Entscheidungen und die Lehren und Konsequenzen daraus immer fähiger, moralische Urteile ohne direkte Bestrafungen zu fällen. Blinder Gehorsam und unbedingte Gesetzestreue, wie sie in totalitären Systemen verlangt werden, wären demnach ein Zeichen von eingeschränkter Reife und Entwicklungsfähigkeit. Viele unserer vorangegangenen Generationen lebten aber in genau diesem geistigen Sinne: Gehorchen war die Maxime. Ich halte es zum Verständnis von Erziehung daher für unabdingbar, die eigenen Eltern und Großeltern im jeweiligen soziokulturellen und historischen Kontext zu verstehen – und ihnen dann nach Möglichkeit zu verzeihen.

Der Weg zum Verzeihen führt immer zuerst über das Verstehen, so zeigt die Praxis. Erst wenn man die Handlungsmotive eines anderen in ihrem Kontext derart nachvollzieht, dass man an dessen Stelle selbst zu einer ähnlichen Handlung käme, kann man wirklich vollständig das Spannungsfeld zwischen sich und dem anderen abbauen – »verzeihen« nenne ich das. Wenn man beispielsweise herausfindet, warum die eigene Mutter zu einer ungeduldigen oder depressiven Frau und warum der eigene Vater zu einem ungerechten oder cholerischen Mann geworden ist, kann man die daraus resultierenden Handlungen nachvollziehen und vergeben. Das subjektive Gefühl der »Opferrolle« wird durch die Erkenntnis abgelöst, dass Misshandler ebenso Opfer sind und nur durch ihr Kompensationsverhalten zu Tätern wurden. Den eigenen Eltern zu verzeihen sorgt dafür, dass man seine soziale Kind-Rolle beilegen kann. Dies ist nicht als theoretisches Konzept und auch nicht als netter Tipp gemeint, sondern ist der Befreiungsschlag aus der eigenen Kindheit – und Ihre Kinder werden es Ihnen danken![35]

Auch »liebe« Eltern können schaden

»Wir haben es doch nur gut gemeint«, »Du hast doch alles, was ein Kind braucht« und: »Wir haben doch immer alles für dich getan!« Kennen Sie solche Sprüche? Das sind Sätze, die auch verurteilte Straftäter, Obdachlose, Prostituierte, Drogensüchtige und Söldner von ihren Eltern gehört haben. Wenn die lieben, guten Eltern tatsächlich wissen, wie man alles gut und richtig macht, warum sind dann deren Kinder keine Erfolgsikonen? Die Antwort: Weil es der elterliche Erwartungsdruck ist, gegen den Kinder sich auflehnen. Die eigene Absicht widerstandsfrei zu verwirklichen, ist das Bestreben der menschlichen Psyche. Sobald Ihre Erwartung mit der Absicht Ihres Kindes kollidiert, schaffen Sie damit eine Grenze. Auf diese Grenze reagiert das Kind – entweder mit einer Offensiv- oder einer Defensivstrategie. Je mehr die Eltern ihr Kind beispielsweise vor Gefahren schützen wollen, desto weniger kann das Kind die Erfahrung machen, Gefahren selbst meistern zu können. Gefühle der Unmündigkeit und Unterlegenheit sind aber keine, welche der eigenen Expansions- und Reifungsabsicht entsprechen.

Ich illustriere dies anhand eines Beispiels. Wenn Sie einem Kind zu oft sagen: »Renne nicht einfach immer los, pass auf, dass du nicht hinfällst, sei vorsichtig, wenn du da- und dorthin gehst«, und dies mit erdrückender Liebe so lange wiederholen, bis das Kind Ihrem Rat folgt, dann wird Ihr Nachwuchs unter Umständen, um Ihrer Ablehnung zu entgehen, immer zögerlicher, risikoscheuer und infolgedessen womöglich im Alter die Parkinson'sche Krankheit bekommen, jene Schüttellähmung, die einen Menschen zittrig werden und unsicher Halt suchen lässt. Das heißt nicht, dass ausnahmslos alle Menschen mit überbehütender Erziehung davon krank werden, doch ich kenne Menschen, die in einer Hypnosesitzung genau diese in der Kindheit erlebten elterlichen Vollbremsungen als eine der Ursachen für ihre Erkrankung ausmachen konnten.

Wenn ein Kind zudem auch noch vom Charakter her dazu neigt, Ratschläge und Anweisungen nicht als Hilfestellung, sondern als Bevormundung einzustufen (wehenauslösende Mittel zur Geburtseinleitung oder Ähnliches können hierbei prägend wirken), dann erzeugen Sie bei Ihrem Kind mit all Ihrer »Liebe«

glattweg eine Trotzreaktion. Auf die Schule übertragen heißt das: Je mehr Sie mit Ihrem Kind die Hausaufgaben zusammen machen, für die Klassenarbeiten üben und es in den Lernfortschritten kontrollieren, desto weniger wird es selbst denken.

Problematisch ist zudem, dass es Kindern wesentlich schwerer fällt, sich gegen den Erwartungsdruck »lieber Eltern« zu wehren als gegen den von ohnehin lieblosen Eltern. Ihre Kinder wollen Sie schließlich nicht enttäuschen, damit Sie nicht plötzlich aufhören, »lieb« zu sein. Sätze wie »Eine Zwei in der Klassenarbeit ist ja schön, aber noch mehr freuen wir uns, wenn du das nächste Mal eine Eins mit nach Hause bringst« zeigen dem Kind, dass es nur geliebt wird, wenn es auf seine Rechte und Bedürfnisse verzichtet und sich dem System Schule unterordnet, dessen verlängerter Arm nun die »lieben« Eltern sind.

In vielen Fällen gelang es darzustellen, dass Autismus seine Ursachen in emotionaler Überforderung hat. Eltern, die ihr Kind mit Reizen überschütteten, zwangen es förmlich dazu, Emotionen und Erwartungsdruck zu verknüpfen. »Guck mal hier, der Teddy! Lach doch mal, killekillekille! Ja, nimm das Räppelchen!« Wenn Emotionen *erwartet* oder förmlich erpresst werden, dann ist das genauso, wie wenn man von Ihnen beim Sex einen doppelten Orgasmus erwartet. Das kann zu einer totalen Blockade führen, weil unsere Emotionen nicht von den Hirnarealen, die für Erwartungen zuständig sind, verarbeitet werden können. Epilepsie und Autismus können dann sogar mögliche Folgen sein. Dadurch würden die Kinder quasi emotional dauerblockiert. Das erwartungsdrucklose Spiegeln von Emotionen, wie auch etwa bei der Delfintherapie, wo ein intelligentes Wesen (Delfin) nichts vom Kind erwartet (was für das Kind ungewohnt ist), konnte Autisten bislang gut helfen. Doch auch hier gilt: Liebe Eltern, Puls wieder runter, denn man kann als Autist heutzutage nicht nur weltbekannt werden, wie Greta Thunberg beweist, sondern sogar nützlich! Der israelische Geheimdienst stellt bevorzugt Autisten ein, weil die in der Lage sind, sofort auch nur die kleinsten Unterschiede auf Satellitenbildern zu erkennen und damit jegliche Veränderung in Bezug auf Terrorcamps oder Raketensilos aufzudecken. Auch Versicherungen setzen auf Autisten, weil diese in gigantischen Zahlenfolgen sofort die kleinsten Abweichungen entdecken. In meinem Buch »Zielen – loslassen – erreichen! Wie Sie Ihr Gehirn auf Erfolg einstellen« berichte ich von dem damals 30-jährigen Briten Daniel Tammet, der als Autist jede Sprache in einer Woche fließend lernt und die Zahl Pi auf 22 514 Stellen auswendig kennt. Für ihn sind Zahlen und Worte farbig oder emotional. Er schrieb einige Bücher und empfiehlt darin zu lernen wie ein Kind – mit Spaß.

Meiner Ansicht nach haben Autisten gelernt, ihren völlig überforderten Verstand, der das emotionale Denken stets unterdrückt, so abzukoppeln, dass sie nur noch mit Emotionen, also unfassbar gewaltigen Datenmengen, die Welt erfassen. Daher auch diese computerähnlichen Kompetenzen.

Also merken Sie sich: nicht den Verstand für den Input benutzen. Der blockiert. Lieber die Emotionen und die Fantasie, damit merkt man sich mit Leichtigkeit fast alles!

Wenn Sie aber nicht wollen, dass Ihr Kind Autist oder Epileptiker wird, dann halten Sie sich zurück mit dem Dauerfeuer emotionaler Erwartungen. Denn: lieber vorsichtig, als verantwortungslos.

Lernfeind Nummer eins: Trotz!

Angst und Erwartungsdruck der Eltern können massiv als Entwicklungsbremsen für die Selbstbestimmtheit, die Mündigkeit und das Verantwortungsbewusstsein des Kindes angesehen werden, denn: Wer trotzt, ist nicht frei. Ich habe in einigen meiner Bücher bereits über Trotz geschrieben, weil meiner Ansicht nach der »verlorene Kampf um Freiheit«, wie ich Trotz nenne, eine ebenso große Einschränkung der Lebensqualität einbringt wie Angst.

Trotz ist eine ernste Sache: Überhöhte Geschwindigkeit beim Autofahren, notorisches Verspäten, Rauchen, Alkoholmissbrauch, Ratschläge missachten – Trotzreaktionen können zu Gesetzesbruch (Delinquenz) führen oder bei Resignation sogar ins Gegenteil wie Depression und Demenz umschlagen. Dabei beziehen sich die Reaktionen immer auf subjektiv empfundenen Erwartungsdruck. Es gibt nicht nur Menschen, die nach einer Herzoperation oder nach einer Organtransplantation wieder rauchen, obwohl sie spüren, wie schädlich der Qualm ist, nicht nur übergewichtige Menschen, die nach einer Ernährungsberatung erst recht Dinge essen, die sie für falsch halten, sondern auch Schüler, die weiterhin die Schule schwänzen, obwohl sie bereits versetzungsgefährdet sind. Selbst ich erlebe in meiner Praxis, dass es Menschen gibt, die trotz eines mehrstündigen Termins zur Analyse und Änderung des Verhaltens aus dem Gebäude gehen und nichts von alledem umsetzen, obwohl sie wissen, dass sie sich damit selbst deutlich schaden.

Dahinter steckt eine besondere Form der Angst, die bislang noch keine psychiatrische Klassifizierung erfahren hat: Diese Angst heißt »Trotz«.

Ich definiere »Trotz« als eine *erhöhte unreflektierte Widerstandsbereit-schaft in psychischer Dauerreaktion auf permanente Bevormundung im Kindesalter.*

Und da wir fast alle in unserer Kindheit mehr oder weniger bevormundet wurden, ist Trotz eine Volkskrankheit – ohne je als Krankheit eingestuft worden zu sein. Ich fasse Trotz als den verzweifelten Versuch eines Menschen auf, die eigene Entscheidungsfreiheit zu bewahren, nachdem sie ihm jahrelang beschnitten wurde. Erinnern wir uns: Das Bestreben der Psyche ist letztlich Machterlangung. Doch mächtig fühlt sich nur, wer nicht einen vorgezeichneten Weg geht, sondern durch Entwicklung selbst sein Verhalten generiert. Der Satz »Jetzt hör doch mal endlich auf meinen Rat!« ist damit, psychologisch gesehen, kontraevolutionär und zudem pädagogisch betrachtet unsinnig, weil Gift für die Entscheidungsfreiheit des Menschen. Eine chronische Trotzreaktion wird damit quasi heraufbeschworen.

Mit dieser erhöhten Widerstandsbereitschaft wehrt sich ein trotziger Mensch künftig gegen alles, was als Bevormundung empfunden wird. Therapievorschläge gehören ebenso dazu wie Bitten, Appelle und unausgesprochene Erwartungen – selbst wenn die Ratgeberquelle ein Arzt, ein Rechtsanwalt oder gar der beste Freund ist. Falls er doch einen Rat annimmt, so wird der Trotzkopf sich mit Händen und Füßen dagegen wehren zuzugestehen, dass er tatsächlich »seine Freiheit verkauft« hat. Der verstorbene britische Wirtschaftsprüfer Allen Carr, Autor des Bestseller-Ratgebers »Endlich Nichtraucher«, ist ein solcher Fall. Allen Carr rauchte zeitweilig die Menge von 100 Zigaretten täglich und »übertraf« damit seinen strengen Vater, der »nur« 80 Zigaretten »schaffte«. Als Carr eines Tages auf Drängen seiner Frau zu einem Hypnotiseur ging, um das Rauchen per Suggestion loszuwerden, brachte der notorische Trotzkopf es nicht fertig, sich selbst einzugestehen, dass er im Anschluss an den Termin aufgrund der Hypnose kein Verlangen mehr nach Zigaretten hatte. Seinen etwas hilflosen Versuch, sich selbst zu erklären, warum er nicht mehr rauchte, schrieb er dann als Buch nieder. Tragisch und bedenklich zugleich ist, dass Allen Carr 2006 an Lungenkrebs starb, 23 Jahre, nachdem er in die Welt posaunt hatte, er sei Nichtraucher. Die meisten Raucher, die zu mir in die Praxis kommen, »therapiere« ich zunächst auf »Trotz«, bevor ich das eigentliche Thema Rauchen angehe. Jetzt wissen Sie auch, was der gemeinsame Nenner des Haufens von Obercoolen in der Raucherecke des Schulhofes ist. Das sind alles Trotzköpfe, die den eigenen Eltern im Kopf mit der Zigarette beweisen wollen, dass sie sich nichts verbieten lassen.

Ein trotziger Mensch will nur *scheinbar* nicht sein Ziel erreichen, sondern einfach nur das Gegenteil dessen, was von ihm erwartet wird, um seine Entscheidungsfreiheit zu verteidigen. Und wenn diese Fremderwartung, die noch nicht einmal der objektiven Realität entsprechen muss (der Glaube an die Erwartung reicht!), zudem auch noch der ursprünglichen eigenen Zielsetzung gleichkommt, wie etwa »Räum doch mal dein Zimmer auf« oder »Iss doch mal was Vernünftiges«, dann wehrt sich der Trotzkopf sogar gegen seine eigenen Ziele – Hauptsache, er verteidigt seine Entscheidungsfreiheit und fühlt sich nicht bevormundet.

Falls Ihr Kind ein notorischer Verspäter ist, der niemals pünktlich zum Unterricht, zum Abendessen, zu sonstigen gesellschaftlich geforderten Verabredungen erscheint, prüfen Sie doch mal, wie die Geburt verlief. Kinder, die sich durch einen elektiven (erwünschten) Kaiserschnitt oder wehenauslösende Mittel zu früh zur Welt geholt fühlen, versuchen ihr Leben lang, dieser Gängelung zu trotzen. Noch einmal: Trotz ist der Kampf um verlorene Entscheidungsfreiheit. Damit wird auch klar, dass die bekannte »Pubertätsrevolte«, die Trotzphase der 12- bis 16-Jährigen, kein *Naturphänomen* ist, sondern ein *Sozialphänomen,* also eine leicht zu vermeidende Reaktion auf das Empfinden permanenter elterlicher Bevormundung. Trotz geht immer einher mit *fehlendem Verantwortungsbewusstsein.* Der Trotzkopf denkt nicht strategisch, welche Konsequenzen sein Verhalten haben könnte, sondern er denkt taktisch, wie er jetzt und hier seine Freiheit verteidigen und Erwartungsdruck loswerden kann.

Das Tückische ist natürlich, dass gerade ein trotziger Mensch zum Spielball der Erwartungen geworden ist: Man braucht nur einfach das Gegenteil der eigenen Absicht als Erwartung an ihn zu stellen. Wenn der Trotzkopf diese Erwartung für authentisch erachtet, wehrt er sich dagegen und tut das Konträre. So erklärt sich, warum viele Kinder erst recht nicht für den Unterricht üben, wenn man es ihnen bei Strafe verordnet, obwohl sie bereits versetzungsgefährdet sind und sich selbst für ihre »Faulheit« hassen. Trotz können Sie von vornherein verhindern, indem Sie Ihren Kindern Entscheidungsfreiheit lassen und die Konsequenzen ihrer Entscheidungen spürbar machen. Das ist in der Realität allerdings selten umsetzbar. Daher ist es ratsam, Kinder um das zu bitten, was man von ihnen tatsächlich möchte, aber gleichzeitig zu betonen, welchen Nachteil das Nichtentsprechen der Bitte hat.

Beispiel: »Lisa, bitte räume deine Bastelsachen vor dem Essen aus der Küche. Wenn nicht, schmeiße ich sie weg.«

Falsch ist, sich in Dinge einzumischen, wie etwa: »Benjamin, bitte hilf Opa im Garten, die Äpfel aufzusammeln, schließlich kocht er uns davon Apfelmus.« Falls der wahre Grund der Bitte jedoch ist: »... sonst hält er dich für undankbar und mich für eine schlechte Mutter«, ist das eine Sache, die jeder der Beteiligten mit Opa selbst ausmachen sollte. Wenn der Enkel keinen Wert auf Apfelmus legt, braucht er auch nicht beim Äpfelsammeln zu helfen (vorausgesetzt, er kennt schon den Zusammenhang zwischen Äpfeln und Apfelmus). Er bekommt dann entweder sein Apfelmus trotzdem geschenkt, oder er bekommt konsequenterweise eben keines.

Zur Erklärung: Kinder spüren ganz genau, dass ein unaufgefordert gebrachtes Geschenk keinen Dank erfordert. Wer etwas nicht verlangt, braucht dafür auch nicht zu danken. Kinder reagieren sehr sensibel auf Erpressungsversuche und wenden sich nach und nach vom Schenkenden ab. Kinder verstehen bis zum Alter von etwa sechs bis acht Jahren noch nicht, dass Erwachsene das Bedürfnis haben können, Kindern etwas Gutes zu tun, um deren Aufmerksamkeit zu bekommen. Geschenke und Belohnungen sind ohnehin ein Thema für sich, dem ich ein Extrakapitel gewidmet habe.

Die Motivationsfalle: Belohnung macht abhängig!

Es gibt eine recht interessante Untersuchung, nach der Kinder, die für ihre Leistungen belohnt wurden, beim Ausbleiben von Belohnungen auch keine Leistungen mehr zeigten. Dagegen erbrachten andere Kinder, die für die gleiche Leistung keine Belohnung bekamen, bei Folgeaufgaben sogar noch bessere Leistungen. Das lassen wir uns hier einmal auf der Zunge zergehen, denn damit stoßen wir das dunkle Tor zu einem Aspekt der hohen Arbeitslosigkeit auf. Wenn ein Mensch durch Belohnung motiviert wird, arbeitet er so lange, wie die Belohnung als wertvoll empfunden wird. Doch die Absicht des Menschen ist nun einmal Verwirklichung, das ist gleichbedeutend mit Entwicklung und Expansion, denn wenn ein Ziel erreicht ist, wird der Mensch ein höheres Ziel verwirklichen wollen. »Verwöhnung« können Sie das nennen. Man gewöhnt sich an seine Belohnung und damit stellt diese keinen Anreiz mehr dar, sondern eine Selbstverständlichkeit. Für Selbstverständlichkeiten arbeiten Belohnungsabhängige aber nicht. Wenn also die Belohnung, und damit genau genommen die stetig steigende Belohnung, ausfällt, entfällt auch die Leistungsbereitschaft. Und das automatisch so lange, bis der Gewöhnungsstandard wieder abgefallen ist. Langzeitarbeitslosigkeit mit ihren finanziellen Folgen etwa sorgt oftmals dafür, dass die Betroffenen sich wieder an einen bescheideneren Lebensstandard anpassen und dann eine Entlohnung, die einige Jahre zuvor noch als »Ausbeutung« und »Entwürdigung« empfunden worden wäre, nun als »besser als nichts« wahrnehmen; sie funktioniert damit wieder als Belohnung – bis die Gewöhnung eintritt. Belohnungsabhängige sind im Teufelskreis der stetig wiederkehrenden Unzufriedenheit. Fehlt diesen Menschen die Möglichkeit, sich selbst eine Steigerung des Einkommens zu verschaffen, sind Frust und damit Leistungsabfall vorprogrammiert.

Nur weil Eltern damals gute Noten, braves Verhalten und Zimmeraufräumen mit Belohnungen verknüpft hatten, schweben deren Kinder später in der Gefahr der Abhängigkeit. Sehen wir uns die Belohnungsideologie des letzten Jahrhunderts an, die sich nach der fast flächendeckenden Verdrängung von selbstständigem Handwerk und Familienbetrieben durch die Industrialisierung entwickelt hat: fehlende Identifikation mit der Tätigkeit und zunehmende monetär motivierte Arbeitshaltung. Daher braucht sich niemand mehr darüber zu wundern, dass es heutzutage so viele Menschen gibt, die darauf warten, dass man ihnen Arbeit gibt – obwohl hierzulande, wie weltweit, reichlich Arbeit vorhanden ist, aber eben nicht in der Form abhängiger Beschäftigung. Von wem sollen Kinder Selbstständigkeit lernen, wenn diese Berufseinstellung den Eltern völlig fremd ist beziehungsweise wenn die Eltern die Kinder von Belohnung abhängig gemacht haben – im guten Glauben, man könnte Kinder damit motivieren?

Kinder, die das Glück hatten, von elterlichem Belohnen weitgehend verschont zu bleiben, zeigen sich infolgedessen erstaunlich selbstmotiviert. Der absolut überwiegende Teil unserer Klienten, die in selbstbestimmten Berufsverhältnissen arbeiten, zeigt eine wesentlich höhere Leistungsbereitschaft und größeres Durchhaltevermögen in Krisenzeiten. In meinem schon erwähnten Erfolgsratgeber »Zielen – loslassen – erreichen!« zeige ich auf, welche Mechanismen es sind, mit denen ein Mensch mühelos erfolgreich wird. Nicht mit einem Wort rate ich dazu, sich in Abhängigkeit zu begeben, um glücklich, gesund, vermögend und zufrieden zu sein. »Belohnen« heißt in diesem Sinne nicht, dass Sie kein gutes Wort darüber verlieren sollen, wenn Ihre Kinder einmal gute Noten geschrieben oder das Kinderzimmer aufgeräumt haben – denn das ist *Loben*. Loben ist erlaubt! Nein, *belohnen* bedeutet, dass die Belohnung für das Kind der eigentliche Anreiz zur Leistung wird.

Das Ausbleiben von Strafe war zur Zeit unserer Großeltern quasi deren Belohnung, um Fehlverhalten zu vermeiden oder Leistung zu fordern, genau wie heutzutage noch in den autoritären Gesellschaften dieser Welt. »Nicht geschimpft ist gelobt genug«, hieß es dann. Doch was passiert mit Menschen, für die das unerwartete Ausbleiben von Strafe zum Dauerzustand wird? Sie zeigen statt Leistung Fehlverhalten. Würden sich Gesellschaften vor kultureller Durchmischung, etwa bei Migrationswellen, zunächst über deren jeweiligen Leistungskodex verständigen, gäbe es vielleicht weniger Konfliktstoff und damit weniger Fremdenfeindlichkeit. Wenn eine Gesellschaft folglich wüsste, dass bestimmte Immigrantengruppen nicht selbstverantwortlich, sondern generell autoritär sozialisiert sind, könnte man diese Menschen ihrem soziokulturellen Hintergrund entsprechend eingliedern. Man würde sie nicht sich selbst überlassen und darauf schimpfen, dass diese etwa faul oder kriminell seien. Mit dem richtigen Verständnis lassen sich solche Konflikte frühzeitig abwenden, da die jeweilige Erwartungshaltung an das Gegenüber geringer würde.

Übernehmen Sie nur Verantwortung für Ihr Kind, wo Sie sie wirklich haben

Hier sind wir bei einem sehr wichtigen Thema, denn es entstammen ja nicht nur die Menschen in der arabischen Welt, in Korea oder dem europäischen Osten autoritären Systemen, sondern auch wir im deutschsprachigen Raum. Ganz so lange ist es noch nicht her, dass Rohrstockhiebe, die Todesstrafe oder eine gehörige Tracht Prügel als notwendig gefordert wurden. Der deutsche Sprachraum ist vielleicht schon etwas länger auf dem Weg in die Liberalität, aber noch weit davon entfernt, in flachen, nicht autoritären Hierarchien, wie es sie in unberührten Naturvölkern einmal gab und vereinzelt heute noch gibt, zu leben. Der Tenor auch in unserer Gesellschaft lautet: »Tu, was ich dir sage, und dann gebe ich dir Sicherheit.« Der Nachteil dieser Illusion eines Verantwortungsträgers ist: Sicherheit kann man sich nur selbst geben. Ich habe als Student miterlebt, wie Stahlarbeiter, denen der Stahl- und Rüstungskonzern Thyssen Krupp mit Festanstellungsverträgen eine sichere Arbeit für die Zukunft versprochen hatte, sich zu Tausenden auf der Autobahn A40 versammelten, um für den Erhalt des Stahlwerkes Duisburg Rheinhausen zu demonstrieren. Ohne Erfolg: Insgesamt 16 000 Menschen – also mehr, als so manche Kleinstadt Einwohner hat – verloren ihre Arbeitsplätze.

Worauf ich hinaus will: Diese soziale Tragödie, die sich in anderer Form doch täglich wiederholt, wäre abwendbar. Die Pleite der Firma Schlecker im Jahr 2012 kostete 36 000 Arbeitsplätze. Schieder, der einst größte Möbelhersteller Europas, schickte 11 000 Menschen zum Arbeitsamt. Karstadt, AEG, Quelle, Kirch, Mannesmann – niemand von all denen hat tatsächlich Verantwortung für seine Mitarbeiter übernehmen können. Das geht auch von der Psychologie her gesehen gar nicht. Also versuchen Sie es am besten gar nicht erst für Ihre Kinder. Mischen Sie sich nicht in das Leben, zumindest das schulische Leben, Ihrer Kinder ein. Fragen Sie weder nach den Hausaufgaben noch nach den Klassenarbeiten. Die meisten von Ihnen sind doch ohnehin keine Hilfe für den Stoff, der in der Schule durchgenommen wird – oder?

Es sind nur drei Dinge, die Sie in Bezug auf Ihre schulpflichtigen Kinder interessieren sollten:

- Bist du gesund?
- Bist du glücklich?
- Brauchst du unsere Hilfe?

Seien Sie für Ihr Kind da, wenn es Sie tatsächlich braucht. Drängen Sie sich nicht auf, und lösen Sie nicht die Probleme Ihrer Kinder. Geben Sie Ihren Kindern die Möglichkeit, auch mal kräftig gegen die Wand zu fahren, denn was macht Ihr Nachwuchs, falls es Sie plötzlich nicht mehr geben sollte? In der Ecke sitzen und heulen? Wollen Sie das? Also machen Sie sich nicht zu wichtig für die Kinder, und bleiben Sie ansprechbar, falls man Sie wirklich braucht. Aber wofür genau sollten Ihre Kinder Sie brauchen? Um mit dem Lehrer zu sprechen? Das können sie selbst – schließlich haben sie auch vorher schon das Verhältnis gestaltet. Um mit den Mitschülern zu sprechen? Auch das sollten Ihre Kinder selbst machen. Um für die Schule zu üben? Dafür gibt es Schulbücher. Sie sind doch kein Nachhilfelehrer! Wenn ein Kind sagt: »Ich war zwei Wochen nicht in der Schule, ich war krank, daher kann ich die Klassenarbeit nicht mitschreiben«, so ist das eine verantwortungslose und kindliche Ausrede. Es braucht keinen Lehrer, um etwas zu lernen, in den Schulbüchern steht alles, was man braucht. Unter uns: Dass das Zeug von den Schulbuchverlagen oft nicht viel taugt, um Kindern und Jugendlichen etwas Sinnstiftendes zu vermitteln, steht auf einem anderen Blatt. Außerdem ist eine vergeigte Klassenarbeit nicht schlimm, wie ich ja weiter oben schon erwähnte, wenn man ansonsten nicht des Lehrers Fass zum Überlaufen bringt.

Eine Sache muss Ihr Kind wissen. Es gibt eine soziologische Grundregel. Die besagt: *In einem Sozialkontakt wird stets entschieden: Bereichert oder belastet deine Anwesenheit oder der Gedanke an dich?*

Niemand kommt um die Antwort herum! Sie nicht und Ihr Gegenüber auch nicht. Wir können nicht anders, als immer abzuwägen, ob sich der Kontakt lohnt oder nicht. Vorsicht: Ein Sozialkontakt ist nur so lange neutral, wie keine Resonanzen auftreten. Sobald Sie etwas mehr mit Ihren Mitmenschen zu tun haben, treten Sie in Resonanz, entweder negativ oder positiv. Und wehe, der Daumen Ihres Gegenübers zeigt nach unten, dann wird es bei nächstmöglicher Gelegenheit den Kontakt abbrechen. Höflichkeit, Stärke, Unterlegenheits- oder Schuldgefühl bei einem Menschen ermöglichen, dass er sich trotz Negativresonanz zunächst freundlich verhält und mitspielt. Aber verliert er sein Schuldgefühl oder seine Stärke, wird er sich abwenden. Besonders deutlich wird dies eben im Unterricht. Solange der Lehrer noch gern an den Schüler denkt, fördert er ihn. Wird der Gedanke oder der Kontakt zum Schüler in irgendeiner Weise zur Belastung, wird versucht, diesen Kontakt zu minimieren.

Also, stützen Sie Ihre Kinder, aber erwarten Sie keinen Dank dafür, denn sonst ist es ein Handel und keine Liebe.

In einer Burg herrscht Frieden

Wir leben in einer Gesellschaft, in der die wenigsten Menschen Liebe erfahren haben und mehr noch, dieser sogar misstrauen. Viele glauben, ihre Kinder zu lieben, doch stellt sich oft heraus, dass diese Liebe einfach nur Zuneigung ist, die an Bedingungen geknüpft wird. Sätze wie »Wenn du dich ordentlich benimmst, dann darfst du noch fernsehen«, »weil du heute beim Zahnarzt so lieb warst, gehen wir morgen in den Zoo« und »wenn du eine Eins schreibst, dann backe ich dir einen Kuchen« haben nichts mit Liebe zu tun, sondern sind ganz einfach Erpressungsversuche. Echte Liebe liebt auch ohne Bedingungen. Sie backt einen Kuchen, gerade weil das Kind in der Schularbeit eine Sechs geschrieben hat und jetzt erst einmal Beistand, Liebe und Schutz braucht. Ich habe kürzlich einen Klienten gesprochen, dessen Verlobte wörtlich sagte: »Meine strenge Erziehung hat mir auch nicht geschadet, ich will nicht so eine Hippie-Öko-Mutter sein«. Ich sagte zu meinem Klienten, dass sich diese Dame damit gerade eben als potenzielle Mutter seiner Kinder disqualifiziert hatte. Sie forderte mit einem gewissen Groll Gerechtigkeit ein, nach dem Muster: »Ich habe mich an die unsinnigen Regeln meiner Eltern halten müssen, also sollen es meine Kinder auch gefälligst!« Damit will man den eigenen Eltern über seine Kinder zeigen, dass es falsch war, was sie taten. Diese Frau kannte keine Liebe – und das stellt sich immer als sehr schlecht für Kinder heraus.

Fangen Sie lieber an, Ihre Kinder zu lieben. Ganz aktiv. Warten Sie nicht, bis die Liebe kommt, denn dann würden Sie ewig und vergebens warten. Man muss dieses gegenseitige Vertrauen, den Respekt, die Toleranz und die Bewunderung füreinander ganz aktiv herstellen und pflegen, damit Liebe bedingungslos ist. Dazu gehört, dass man sich zunächst selbst vertraut, sich respektiert, toleriert und bewundert – denn wer sich selbst nicht liebt, kann erst recht keinen anderen lieben. Die Gründe dafür, warum Menschen diese Selbstliebe, also auch Selbstachtung und Selbstvertrauen, fehlt, finden sich in der Kindheit, wie ich ja bis hierher eingehend beschrieben habe.

Erwartungen spielen bei Liebe überhaupt keine Rolle. Vertrauen, Respekt, Toleranz und Bewunderung sind hierbei bedingungslos. Selbst wenn unsere Erwartungen nicht erfüllt werden, bleiben diese einander entgegengebrachten Eigenschaften also bestehen. Philosophen sprechen hier gern von einer wechselseitigen Anerkennung des anderen um seiner selbst willen. Einfacher ausgedrückt: Liebe ist, den Partner oder die Kinder so zu lieben, wie sie eben nun mal sind. Doch stattdessen versuchen Menschen in einer Beziehung, sich mit Kritik, klugen Ratschlägen oder emotionaler Erpressung gegenseitig zu verändern. Ist das Liebe? Nein, das ist Unzufriedenheit.

Um es mal ganz praktisch auszudrücken: Bringen Sie sich selbst mit Ihrem Kind in Resonanz – so ähnlich, wie wenn Sie eine Gitarrensaite nachstimmen, damit Sie mit der Nachbarsaite in Harmonie schwingt. Interessieren Sie sich ganz authentisch und nicht bewertend für seine Interessen: seine Musik, Computerspiele, Filme, Bücher usw. Lassen Sie sich von Ihrer Tochter oder Ihrem Sohn ihre/seine Welt zeigen, wie sie/er es einem guten Freund zeigen würde. Sie sollen nicht der Spielkamerad Ihres Kindes sein, denn dazu sind Freunde da. Sie sind keine Freunde, sondern nur Eltern. Versuchen Sie nicht, Ihre Kinder zu verändern, sondern stimmen Sie sich auf sie ein. Dadurch empfinden Sie mehr Harmonie und weniger Stress, denn Stress zwischen Eltern und Kindern kann sehr krank machen. Die typischen Schülerkrankheiten wie Mandelentzündung, Mittelohrentzündung oder Blinddarmentzündung sind allesamt wut-getriggert. Wut auf verständnislose Autoritäten, gegen die man keine Chance zu haben glaubt.

Eine Familie ist eine Burg und kein Gerichtshof. In einer Burg herrscht Frieden. Mit dieser Einstellung stärken Sie Ihr Kind am meisten.

Belohnen Sie Ihre Kinder nicht fürs Kranksein

Falls Ihr Kind einmal krank wird, bewahren Sie sich bitte vor einer bösen Falle: Genauso schlimm wie wutgetriggerte Symptome sind Eltern, die ihren Kindern im Krankheitsfall regelmäßig plötzlich deutlich mehr Aufmerksamkeit schenken, als diese je zuvor kannten. Sie erinnern sich: Kinder lernen am besten durch starke Emotionen. Diese erlernten »Programme« verstärken sich durch Wiederholung. Bei vielen erwachsenen Fällen chronischer Erkrankungen oder auch bei Hypochondrie zeigt sich ein hoher »Krankheitsgewinn« durch erhöhte Aufmerksamkeit für den Patienten. Einige unserer Klienten reagieren sogar zunächst mit Wut, wenn unsere Coaches ihnen erklären, dass wir sie nicht trösten, sondern ihnen helfen. »Hilfe? Nein, dann interessiert sich ja keiner mehr für mich. Schließlich bekomme ich dann ja weder Rücksichtnahme noch Aufmerksamkeit. Dann muss ich ja einfach wieder funktionieren und niemand lobt mich«, so die stille Befürchtung des Patienten, die schon so manchem Therapeuten ein jahrelanges sicheres Einkommen beschert hat.

Gehen Sie mit den Krankheiten Ihrer Kinder genauso um, wie Sie es künftig mit deren Schulnoten tun: Machen Sie nicht so viel

Aufhebens darum. Sie sollten ihnen Genesung ermöglichen, aber sie nicht mit Mitleid und viel Trost dazu animieren, weiterhin krank zu bleiben. Das meine ich ernst.

Wenn ein Kind krank ist, wird es entweder wieder gesund, oder es braucht Hilfe. Zum Gesundwerden braucht man durchaus Mitgefühl, Liebe, Freude und Spaß. Aber tappen Sie nicht in die Projektionsfalle: Geben Sie dem Kind nicht das, was Sie gern hätten, sonst bekommt es Ihre Probleme. Geben Sie dem Kind das, was es wirklich braucht – und das ist vor allem *kein Grund zur Sorge.* Wenn ein Kind tatsächlich stressbedingt eine Auszeit benötigt und ständig krank wird, dann geben Sie ihm diese Auszeit, sonst verstärkt es seine Symptome so lange, bis Sie gar nicht mehr anders können, als es ins Krankenhaus zu stecken. Schauen Sie also immer genau hin: Ist Ihr Kind krank, oder ist es unglücklich beziehungsweise überfordert? Beide Fälle erfordern völlig unterschiedliche Maßnahmen.

Keine Angst vor Fehlern!

In einer Leistungsgesellschaft wird Verhalten bewertet, oft sogar abgewertet oder unter Bedingungen gestellt. Und das fällt leider kaum jemandem auf, so behaupte ich. Allein das Wort »Fehler« ist eine unzulässige Bewertung, wenn man berücksichtigt, dass das Gehirn seine Aktionen nach emotionalen Prioritäten koordiniert. Wenn jemand versehentlich eine Blumenvase umwirft oder eine Dreisatzaufgabe nicht löst, so ist das kein Fehler, sondern es war ihm offenbar etwas anderes so viel wichtiger, dass er seine Energie eben dafür verwendet hat. Es gibt Menschen, denen es wichtiger ist, mit Freunden soziale Beziehungen zu pflegen, als den Schulunterricht vorzubereiten. Wer rasche Ergebnisse den nachhaltigen vorzieht, schreibt seinen Aufsatz vielleicht schneller fertig, zuungunsten der Orthografie. Doch Fehler im eigentlichen Sinne sind das nicht, wenn man das tatsächlich angestrebte Ziel einmal aufdeckt und definiert. Bei meinen Coachings für Manager erkläre ich den Top-Leistungstrainern oft: Das Gehirn kann überhaupt keine Fehler machen, es gibt keine Misserfolge. Erfolg ist eine Folge dessen, was sie denken oder empfinden. Damit ist alles, was sie tun, ein Er-folg. Nur etwas nicht zu tun ist ein Nicht-Erfolg. Ein sogenannter Fehler durch Unwissenheit ist wiederum kein Fehler, denn sie wissen ja zum Beispiel möglicherweise nicht, wie sie einen stählernen Suppenlöffel ohne Gewalteinwirkung verbiegen können. Dennoch gibt es Menschen, die das einfach machen. Ich habe eine ganze Glasvase voll verbogener Löffel in meiner Praxis, die von Seminarteilnehmern nach intensiver Vorbereitung mühelos verbogen wurden. Ist es nun ein Fehler, dies nicht zu tun? Wenn ein Schüler einfach nicht weiß, welches die lateinische Vokabel für »Schicksal« oder der Unterschied zwischen »homofon« und »homograf« ist, dann ist es kein Fehler. Dennoch wird die Leistung des Schülers im Regelfall dafür abgewertet.

Niemand macht Fehler absichtlich, jeder versucht, sie zu vermeiden. Doch wenn sie geschehen, wird es immer einen Tag danach geben. Wir haben alle immer so fürchterliche Angst vor Fehlern, dass es dabei zu absurden Warnungen an die Kinder kommt: »Was ist, wenn du mal in einem Atomkraftwerk arbeitest und dann einen Fehler machst?« Diese Einschüchterungsfrage habe ich mehr als einmal als Argument für übertriebenen Perfektionismus und Kontrollzwang gehört. Da fällt es mir manchmal wirklich schwer, nicht die Augen zu verdrehen und zu fragen: Na und, hätte ein Perfektionismus irgendeinen Fehler vermeiden können? Wie schlimm kann denn ein Fehler überhaupt werden? Nehmen wir einmal die katastrophalen Reaktorunglücke in Harrisburg, Tschernobyl und Fukushima. Ist denn irgendetwas davon eingetreten, vor dem man uns gewarnt hat? Die Kernschmelze, ein verseuchter Kontinent, eine unbewohnbare Erde? Nein, es ist nicht mehr passiert als beim Ausbruch des Vesuvs, dem Jahrhundert-Meteoriteneinschlag in Sibirien oder dem Tsunami im Südpazifik – und da hat niemand einen Fehler gemacht. Dass bei verschiedenen Ereignissen Tausende von Menschen zu Schaden kommen, können Sie mit Ihrer Erziehung zum Perfektionismus nicht verhindern, und das ist auch nicht nötig, denn die Menschheit wird es überstehen, wenn Ihr Kind mal einen Fehler macht. Weitaus schlimmer sind doch die absichtlich erzeugten Katastrophen, wie etwa die Weltkriege, Völkermorde oder Eingriffe in das natürliche Gleichgewicht. Unfälle passieren durch Fehler. Aber davor ist niemand durch Perfektionismus gefeit. Im Gegenteil! Die Angst vor einem Fehler erzeugt diesen doch erst. Konzentrationsmangel, Müdigkeit oder unkontrollierbare Emotionalität sind die Ursachen für die großen Fehler derjenigen, die am meisten Angst vor dem Versagen haben. Hinzu kommen diejenigen, die absolut fehl am Platze sind und ihre Tätigkeit nicht aus Überzeugung und Begeisterung ausüben. Wenn sich jemand absolut sicher fühlt und fokussiert ist, kann er gar keine Fehler machen. Oder haben Sie sich schon einmal beim Mittagessen die Gabel versehentlich in die Nase statt in den Mund gesteckt? Je weniger Angst ein Mensch vor Fehlern hat, desto präziser sind seine Ergebnisse.

Kommunizieren Sie Ihre Strategie-Änderung

Da Ihr Kind eine Weile lang gewohnt war, dass Sie eine klare Meinung zu seinen schulischen Belangen haben, können Sie jetzt nicht so ohne Weiteres Ihre Strategie ändern. Das wäre tatsächlich so, als würden Sie nach Monaten einfach die Tür zu einem Vogelkäfig öffnen. So schnell, wie der Vogel rausfliegt, können Sie gar nicht gucken – und das Tier ist auf und davon. Wenn Sie sich ab heute einfach so nicht mehr ins schulische Leben einmischen, wird Ihr Kind das völlig missverstehen und sicherlich zunächst einmal über die Stränge schlagen.

Im Extremfall könnte es den Unterricht schwänzen und sämtliche Arbeit für die Schule einstellen, weil es einfach nicht glaubt, dass Sie es mit der Nichteinmischung ernst meinen. Sie müssen Ihr Kind also geschickt darauf vorbereiten, dass es nun künftig die Verantwortung für sich selbst innehat. Dazu gehört natürlich, dass Sie bereit dafür sind, Ihr Kind aus der Kindesrolle zu entlassen und sämtliche Bevormundung fallen zu lassen. Sie müssen Ihrem Kind zeigen, dass es Ihnen vertrauen kann, also auch seine schlimmsten Fehltritte anvertrauen kann, ohne dass Sie es moralisch verurteilen. Solange Ihr Kind noch lügt oder Ihnen etwas verheimlicht, sollten Sie noch vertrauensbildende Maßnahmen ergreifen. Das sollten Sie auch durchaus zwei bis drei Monate durchhalten, sonst verspielen Sie sein letztes Fünkchen Vertrauen. Wenn Sie einknicken, entlarven Sie sich als Bluffer, gar als Fallensteller. Also kommunizieren Sie Ihre neue Einstellung und bereiten Sie Ihr Kind auf die Regeländerungen vor. Erklären Sie ihm, dass Sie sich ab heute raushalten und weder die Hausaufgaben kontrollieren noch es zum Üben für Klassenarbeiten anhalten. Machen Sie Ihrem Kind klar, dass es nicht für Sie zur Schule geht, sondern für sich selbst – und dass Sie nicht länger der Beschimpfer, Bestrafer oder Kontrollierer sind, aber auch nicht der Beschützer. Wenn Ihr Kind Ihre Hilfe braucht, soll es um Hilfe bitten und muss damit rechnen, dass Sie vielleicht gar nicht helfen können. Halten Sie sich so weit aus den schulischen Belangen heraus wie möglich. Als Eltern sind Sie verpflichtet, die Finanzen für die Lernmittel zur Verfügung zu stellen, aber Sie sind weder das Schultaxi noch der Nachhilfelehrer – und der Richter schon gar nicht. Machen Sie Ihrem Kind das in einem glaubwürdigen Tonfall deutlich. Es darf kein Zweifel daran aufkommen, dass Sie es ernst meinen, ohne es dabei zu bedrohen.

Erklären Sie ihm, wie es zu dieser Einsichtsänderung kam. Seien Sie sich bewusst, dass Sie nun die Wahl haben, Ihren Kindern dazu zu verhelfen, mündige erwachsene Menschen zu werden, oder für immer dafür verantwortlich zu sein, wenn die Kinder eine Bruchpilotenkarriere hinlegen.

Mit dem Lesen dieser Zeilen haben Sie nun die Verantwortung für die Mündigkeit – nicht für den Schulerfolg – des Kindes. Ich kann Ihnen aber versprechen, dass Ihre Kinder diese Regeländerung dankbar annehmen. Für gewöhnlich werden die Kinder Sie erst einmal etwas provozieren und so ein paar Tage lang testen, ob Sie es ernst meinen. Vielleicht werden sie morgens verschlafen, keine Hausaufgaben machen oder den Sportunterricht schwänzen. Lassen Sie sich nicht davon beirren. Der Job der Lehrer ist, den Unterricht so zu gestalten, dass jedem Schüler Bildung ermöglicht wird; die Pflicht der Schüler ist, dieses Bildungsangebot nicht für andere zu sabotieren; und Ihr Job ist, für ein sicheres Zuhause zu sorgen.

Klären Sie Ihr Kind darüber auf, dass es ab sofort sein eigener Schulmanager ist. Und falls es merkt, wohin die Reise geht – nämlich raus aus dem Himmelbettchen und rein ins Leben – und dann protestiert, helfen Sie ihm zu verstehen, dass es ja in anderen Dingen, für die es sich interessierte, auch keinen Einpeitscher brauchte. Lassen Sie sich auf gar keinen Fall dazu erpressen, wieder die Verantwortung für etwas zu übernehmen, wofür Sie sie nicht haben. Sie haben nur diesen einen Versuch, um vor dem Kind Ihre Glaubwürdigkeit unter Beweis zu stellen.

Fazit von Schritt 2

Machen Sie sich nicht zum Feind, aber auch nicht zum Beschützer Ihrer Kinder. Bieten Sie ihnen Sicherheit und Unterstützung, falls sie dies wollen. Vertrauen Sie darauf, dass Ihre Kinder bei Ihnen Liebe suchen und keinen Streit. Ihre Kinder wollen so werden wie Sie, weil sie denken, »Erwachsen-sein« heißt »Frei-sein« – was ja eigentlich auch stimmt, nur dass die Erwachsenen sich meist gar nicht erwachsen fühlen. Reden Sie mit den Kindern über Ihre neue Einstellung, und überlassen Sie ihnen ab heute die volle Verantwortung für die Schule. Das Ziel von Schritt 2 ist ein Reifeschritt, aufgrund dessen der Schüler künftig mit dem Bewusstsein für die Konsequenz seines Handelns, aber auch mit Augenmaß am Unterricht teilnimmt.

Schritt 3
Schülercoaching – einfache, aber wirksame Strategien

Dieses Kapitel richtet sich an Schüler, also an dich, und Eltern gleichermaßen, deshalb spreche ich auch mal dich und mal deine Eltern an. Lest es euch gemeinsam durch! Die Schule ist kein Spielplatz und auch kein Ort, um Aggressionen abzubauen. Weder ist die Schule dazu da, um sich mit den Lehrern anzulegen, noch um irgendetwas zu lernen, was für den Beruf wichtig ist. Alles, was man für einen Beruf braucht, lernt man, weil man sich dafür interessiert. Wenn du die Schule locker rocken willst, dann entspann dich, setze dich in den Unterricht und hör den Lehrern zu. Die Schule dauert nur ein paar Jahre. Die kriegst du rum. Wenn du aber der Schule und den Lehrern den Krieg erklärst, dann wirst du ein paar Jahrzehnte lang die Narben dieses Kampfes davontragen, denn die Schule sitzt am längeren Hebel – es sei denn, du drehst den Spieß um!

Gib den Lehrern die Möglichkeit, dich zu unterrichten. Stell Fragen, wenn du ihnen einen Gefallen tun willst oder wenn du etwas nicht verstanden hast. Schreibe deine Klassenarbeiten so, als wolltest du einem Freund bei einigen Aufgaben helfen.

Und dann führe dir einmal selbst vor Augen, wie chillig dein Leben wird, wenn du ganz entspannt zur Schule gehst – und am Nachmittag genauso entspannt wieder nach Hause kommst.

Mein erstes Schülercoaching – ein Volltreffer durch Zufall

Ich möchte an dieser Stelle die Geschichte von meinem ersten Schülercoaching überhaupt erzählen. Es war im Jahr 1989, ich war gerade 23 Jahre alt, als Olli, ein Freund von mir, mit dem ich hin und wieder in Bands spielte, mich ansprach und sagte: »Andi, du kannst doch Hypnose. Kannst du nicht auch machen, dass ich besser in der Schule werde? Ich habe in Mathe und Latein eine Fünf und brauche in der nächsten Klassenarbeit jeweils eine Zwei, sonst bekomme ich meine Abi-Zulassung nicht.«

Ich dachte: Hä, was, wie? Wie soll ich das denn machen? Aber mir fiel ein, dass ich das in irgendeinem amerikanischen Buch über Hypnose schon einmal gelesen hatte. Also musste es gehen. Ich wusste nur nicht, *wie*. Ich wusste nur, *dass*.

Es sollte allerdings an ein Wunder grenzen, wenn mir das gelang. Olli war auf dem Kolleg und wollte nach absolvierter Gärtnerausbildung sein Abitur machen, um Gartenbau zu studieren. Er spielte allerdings lieber Schlagzeug, als Mathe und Latein zu lernen. Er war intelligent, trotzig und undiszipliniert – und seine wohlhabenden Eltern hätten gern mit einem vorzeigbaren und erfolgreichen Jungen angegeben, aber das verwehrte er ihnen gehörig. Ich bat Olli, sich bequem hinzulegen (er wählte den gefliesten Küchenboden) und sich vorzustellen, wie er seine Mathelehrerin zehn Jahre später im Lehrerzimmer besuchte und sie ihm eine Zigarette, einen Kaffee und das »Du« anbot. Mit dieser *erwachsenen* Einstellung sollte er sich dann (in seiner Fantasie) ganz gelassen in den Unterricht setzen (also ohne Erwartungsdruck), sich anhören, was die Lehrerin da so lehrte, und einfach im Hinterkopf behalten, dass er diesen Stoff ja für die Klassenarbeit gut gebrauchen konnte. Das gleiche Prozedere machte ich mit Olli in Bezug auf den Lateinlehrer.

Sechs Wochen später traf ich meinen Freund in der Kneipe wieder. Wir tranken, schwatzten über Musik und Mädchen und irgendwann sagte er: »Ach, übrigens, das mit der Hypnose neulich hat gut geklappt.« Ich dachte, er meinte damit, dass er sich während der Session gut entspannt hätte oder so etwas, aber er sagte: »Ich habe jetzt in beiden Arbeiten eine Zwei und habe damit die Abi-Zulassung. Danke!« Ich spuckte fast mein Bier über den Tresen! »Was hast du?!«, fragte ich fassungslos. Olli erwiderte: »Na ja, ich hab das genauso gemacht, wie du es mir gesagt hast, und dann war alles ganz einfach!«

Jetzt wird es ernst: Ich studierte damals zwar schon Diplom-Pädagogik, darin sind Psychologie und Soziologie und, wenn man will, auch Philosophie enthalten. Aber das, was ich da mit Olli gemacht hatte, hatte ich nirgendwo gelernt. Ich hatte mir einfach nur etwas ausgedacht, von dem ich glaubte, es müsse funktionieren. Wenn doch ein einfacher Student mal eben so in der Küche etwas zuwege bringt, was in dieser Einfachheit und Geschwindigkeit für gewöhnlich kein Nachhilfelehrer zustande bringt, dann frage ich mich, womit legitimiert sich eigentlich die Nachhilfeindustrie?

Von solchen Beispielen habe ich noch mehr.

Der gute Grund, das Leben zu ändern!

Es war im Jahr 1999, als mich Anja, eine befreundete alleinerziehende Mutter, bat, ihrem Sohn Stephan zu helfen. Er war gerade aus der sechsten Klasse des Gymnasiums auf die Hauptschule geflogen und ging sogar dort notenmäßig unter wie die Titanic. Überdies war er zuvor beim Ladendiebstahl erwischt worden und verweigerte die Schule total. Nachdem vorgeschobene Krankheiten nichts mehr nützten, schwänzte er einfach den Unterricht. Ich beschloss, dem Jungen zu helfen, zumal mir klar war, dass er sich durch die Trennung der Eltern überfordert fühlte. Er glaubte, er müsse für seine Mutter stark sein, quasi der Mann im Haus sein, wozu er mit seinen zwölf Jahren nicht imstande war. Ich fuhr ihn in seinem Kinderzimmer auf seinem Bett in eine leichte Hypnose herunter und machte mit ihm eine gedankliche Reise in die Zukunft. Und zwar in die Zukunft, die ihm drohte, wenn er wie bisher weitermachen würde. Nach ca. drei Minuten weinte er bitterlich, weil er sich mit üblen Gestalten herumhängend und schließlich im Gefängnis sah. Ich spulte den Film gedanklich zurück und sagte dann: »Und nun schau mal, wie es mit dir weitergeht, wenn du nur eine einzige Kleinigkeit änderst.« Ich sagte ihm absichtlich nicht, welche Kleinigkeit er ändern könne. »Geh Woche für Woche, Monat für Monat und Jahr für Jahr weiter. Schau genau hin und sage mir, was du siehst.« Das Gesicht des Jungen hellte sich auf. Mit einer Mischung aus Verwunderung und Ehrfurcht antwortete er: »Ich gehe wieder aufs Gymnasium, ich studiere Jura und werde Rechtsanwalt.« Jeder seiner damaligen Lehrer hätte wahrscheinlich bei dieser Äußerung die Augen verdreht und sich das Lachen verkniffen. Doch Stephan *sah* seine Zukunft!

Ich hörte noch zweimal etwas von ihm, einmal im Jahr 2007 in seinen Abiturferien, und einmal traf ich ihn im Jahr 2014 kurz auf der Straße. Er trug einen eleganten grauen Anzug und sah aus, wie ein Anwalt aussehen muss!

Manchmal hilft es einfach, eine genaue Vorstellung von dem Ziel zu haben, das man gern erreichen möchte.

Der Aufbau der Hypnose, die ich mit Stephan durchführte, ist übrigens inspiriert von dem amerikanischen Psychotherapeuten Dr. David Calof. Er beschreibt in seinem Buch »Die Frau, die wieder sehen lernte« im Kapitel »Der Junge, den seine Zukunft rettete« eine sehr ähnliche Geschichte. Ich habe dieses Buch damals förmlich verschlungen, und danach war mir auch klar, dass ich nie wieder etwas anderes machen wollte, als mit Hypnosecoachings Menschen zu helfen.

Zurück zur Verantwortung (Mirko, 14)

Als ich im Jahr 2002 meine erste eigene Praxis in Dortmund eröffnete, hatte ich bereits einen guten Ruf unter den Klienten. Der TV-Sender Sat1 strahlte sogar eine kleine Reportage über mich und meine Schülercoachings aus. In dieser Zeit kam wieder einmal eine verzweifelte Mutter zu mir ins Institut: Sabine machte sich ernsthafte Sorgen um die schulische Zukunft ihres Sohnes. Wie so oft lagen Ursache und Lösung näher am Problem, als dies den Eltern lieb war: Schulversager sind in der Regel nicht dumm! Viele von ihnen haben schlichtweg verlernt, Verantwortung für ihr eigenes Tun zu übernehmen. Die ständigen Bevormundungen, Erwartungen, Bestrafungen oder Belohnungen der Lehrer, Eltern und auch der Gesellschaft sind so massiv, dass die Eigenmotivation und das natürliche Interesse am Lernen versiegen. Die gut meinenden Eltern wussten offenbar nicht, dass Erwartungsdruck das Gehirn selbst in seinen einfachsten Leistungen blockieren kann. Fehlt dem Schüler der Zugang zum erfahrbaren Sinn seines Lernstoffs, dann wird Lernen fast unmöglich. Menschliches Lernen und Erinnern hängen von der individuellen Bedeutung für den Lernenden (Relevanz) ab. Wird diese Relevanz hergestellt, das Interesse für den Inhalt durch Bedeutung geweckt, dann ergeben sich daraus oft erstaunliche Leistungssteigerungen. Das ist ihre Geschichte:

Der 14-jährige Mirko ging noch in die siebte Klasse des Gymnasiums. Seine Schulleistungen gegen Ende des ersten Halbjahres waren katastrophal, die Versetzung in die achte Klasse war massiv gefährdet. Seine Noten: Englisch ungenügend, Mathematik ungenügend, Deutsch mangelhaft. Mirko wurde – offenbar gegen seinen Willen – von seiner Mutter zu mir in die Beratungspraxis »geschleift«, saß ablehnend und genervt neben ihr. Seine Miene verriet: »Lasst mich alle in Ruhe! Ihr nervt!« Seine besorgte Mutter erklärte mir sofort wortreich und emotional, weder gutes Zureden noch Nachhilfe hätten Mirkos Noten gebessert, dabei sei er doch ein intelligenter Junge. Mirko selbst äußerte sich nicht, stöhnte während der Ausführungen seiner Mutter nur gelegentlich (mit himmelwärts gerichtetem Blick) und zuckte resigniert mit den Schultern. Mir war wichtig, Mirkos Meinung und Einschätzung zu hören – um ihn ging es doch schließlich.

So fragte ich ihn auf schnörkellose Art: »Was meinst du denn selbst? Liegt der Grund für die schlechten Noten deiner Meinung nach in Prüfungsangst bei Klassenarbeiten, sind die Lehrer alle bescheuert, packst du den Unterrichtsstoff nicht, wirst du durch irgendwelche Idioten im Unterricht abgelenkt oder gibt es noch einen anderen Grund?«

Mirko schien überrascht aus seinem »Halbschlaf« zu erwachen: Jemand interessierte sich tatsächlich für seine Meinung! Und nun platzte es regelrecht aus ihm heraus: »Stress! Totaler Stress in der Schule: in Englisch, in Deutsch und Mathe!« Ich fragte Mirko, womit er sich in seiner Freizeit gern beschäftige. Man sollte ja meinen, jemand mit derartigem Stress müsse nach dem Unterricht erschöpft ins Koma fallen und den Rest des Tages im Tiefschlaf verbringen. Doch plötzlich hellte sich Mirkos Gesicht, auf und überraschend lebhaft erklärte er mir: »Ich zock' viel am Rechner. Autorennen! Da führ' ich an der Schule sogar die Highscore an!«

Aha! Ein hektisches, stressiges Geschicklichkeitsspiel. Und das war kein Stress für Mirko? Nein, er tat es völlig freiwillig, denn er wusste, wozu – zum Beispiel, um Anerkennung von Freunden zu bekommen oder um endlich einmal zu erfahren, dass auch er etwas besonders gut konnte. Hier war für ihn höchste Relevanz gegeben.

Wenn Mirko dagegen im Englischunterricht saß, fragte er sich: »Wozu soll ich diese Fremdsprache lernen, ich will doch gar nicht nach England? Für Mathe gibt's Taschenrechner – und wozu Deutschunterricht? Ich kann mich doch ganz gut verständigen, und Gedichte will ich nicht schreiben. Außerdem hab ich keinen Bock darauf, dass mich die anderen für 'nen Streber halten, der ewig gute Noten haben will.«

Ich bot Mirko eine mühelose Möglichkeit an, die Power, mit der er zurzeit nur seine Autorennen »zockte«, auf die schulischen Belange zu übertragen: zukünftig dem Unterricht zu folgen, den Lehrstoff zu begreifen, Klassenarbeiten erfolgreich hinter sich zu bringen und schließlich seine Noten erheblich zu verbessern. Da Mirko an diesem Angebot recht interessiert war, ließ er sich zunächst auf einen »Trancezustand« ein, in dem er dreißig Minuten lang ruhig, entspannt und mit geschlossenen Augen überlegen sollte, welche Vorteile ihm in der Schule erworbenes Wissen einbringen und wozu er dieses Wissen benötigen könnte.

Anschließend ging ich mit Mirko gedanklich in eine Klassenarbeit und bat ihn, sich Folgendes vorzustellen: Seine Freundin aus der Parallelklasse muss eine Hausaufgabe schreiben. Sie bittet ihn, ihr hierbei zu helfen. Er erzählt ihr daraufhin locker, was er zum Thema weiß, gibt ihr schließlich ihr Heft zurück und ist mit den Aufgaben fertig.

Ich verankerte dieses lässige Gefühl mit einem NLP-Trick – mit dem Ziel, dass Mirko zukünftig auch seine Mathearbeiten in diesem Zustand schreiben könne.

Als ungleich schwieriger stellte sich die Überzeugungsarbeit bezüglich Mirkos Mutter dar: Nach zähem Ringen konnte sie sich – auch im Namen ihres Ehemannes – damit einverstanden erklären, sich für die Dauer von sechs Monaten nicht in die schulischen Belange ihres Sohnes einzumischen, ihn nicht nach Informationen über die Schule »auszuquetschen«, ihn nicht zur Erledigung von Hausaufgaben oder zum »Üben« anzuhalten.

Letzteres ist wichtig, damit der Schüler sein reduziertes Verantwortungsbewusstsein regenerieren kann. Wenn er die Erfahrung macht, dass er selbst für seine Misserfolge geradesteht, fördert dies die intrinsische Motivation.

Einige Wochen später erschien Mirko zum Kontrolltermin: Er hatte inzwischen ein »Gut« in Englisch und ein »Befriedigend minus« in Mathematik geschrieben. Es stellte für ihn keinen Stress mehr dar, im Unterricht zu sitzen, weil ihm durch eine einzige Erkenntnis klar geworden war, dass er nur für sich, nicht für Lehrer und Eltern zur Schule ging. Ich hörte noch ein letztes Mal von Mirko, als er kurz vor dem Abitur stand: Mathematik liebte er immer noch nicht, doch mit einem glatten »Befriedigend« war er zufrieden. Im Fach Englisch besuchte er einen Leistungskurs, und in Deutsch schaffte er meistens ein »Gut«. In seiner Freizeit spielte er immer noch am Rechner und führte die Ranglisten an!

Dieses Beispiel – eines von vielen – zeigt, dass du als Schüler wieder leistungsbereit und aufnahmefähig werden kannst, wenn dir der Erwartungsdruck genommen und das Verantwortungsbewusstsein zurückgegeben wird. Und zwar oftmals rasend schnell! Das folgende Beispiel ist ebenfalls recht beeindruckend:

Chatten statt sprechen (Jasmin, 16)

Jasmin wurde mit »Ach und Krach« in die zehnte Klasse der Gesamtschule versetzt. In meiner Praxis erschien die junge Frau im »Schlepptau« ihres Vaters, eines freundlichen, aber »Raum einnehmenden« Vollbartträgers, der durch sein Outfit auf mich eher »alternativ« angehaucht als kleinbürgerlich wirkte: Seine modischen Jeans (Army-Look) und die Designer-Trekkingjacke schienen mir ein wenig zu deutlich »jugendliche Lässigkeit« (für einen doch schon »gesetzten« Herrn Anfang fünfzig) zu signalisieren.

Jasmin dagegen wirkte auf mich (neben ihrem Vater als »Lässigkeit in Person«) zwar durchschnittlich intelligent, aber auffallend introvertiert – eine kleine, verschüchterte graue Maus:

offenbar ein Mädchen, das es inzwischen resigniert aufgegeben zu haben schien, Erwartungen der Außenwelt zu erfüllen oder deren Anforderungen zu entsprechen. Neben der »raumfüllenden« Präsenz ihres Vaters verschmolz sie geradezu unsichtbar mit dem Hintergrund – als trage sie einen Tarnmantel. Nachdem die beiden Platz genommen hatten, fragte ich Jasmin, was sie selbst sich von diesem Termin erhoffe.

Bislang war sie lediglich mit gesenktem Blick und schweigend in ihrem Sessel versunken. Nun hob sie ein wenig ihr Gesicht und sah mich schüchtern an. »Weiß nicht. Dass ich besser in der Schule werde, oder so«, murmelte sie fast unhörbar mit einem hilflosen Schulterzucken. Dann sank ihr Kinn wieder herab, sie schien im schützenden Sessel zu versinken, wieder »unsichtbar« zu werden, und der Rest – war Schweigen. Sofort sprudelte jedoch »stellvertretend« ihr Vater los: »Das ist es! Das meinte ich am Telefon: Jasmin kriegt einfach ihre Zähne nicht auseinander. Das hat dazu geführt, dass sie fast in allen Fächern mündlich auf ›sechs‹ steht und ihre schriftlichen Noten damit in Gefahr bringt. Irgendwie glaube ich, sie redet nicht gern.« Ich ließ diesen Wortschwall wirken und nahm das Gespräch wieder an mich: »Jasmin, gibt es etwas, dass du gern machst, etwas, womit du stundenlang deine Zeit verbringen könntest?« Mein Hintergedanke bestand darin, ihre Vorlieben aus ihr »herauszukitzeln«: Die würden mir nämlich verraten, über welche Stärken Jasmin verfügte und wie wir diese für sie nutzbar machen konnten. Jasmin sah mich nun offen an, mir direkt in die Augen – und lächelte kurz. Dieser Blick erhellte für eine Sekunde – wie ein Sonnenstrahl! – ihr augenscheinlich sonst so ernstes Gesicht. Kurz angebunden antwortet sie: »Ich chatte.« Ich dachte überrascht: Sie chattet?! Sie saß also in ihrem

Zimmer stundenlang allein am Computer und tauschte sich durch Worte – ausschließlich durch Worte! – mit anderen aus, aber eben nicht mündlich, sondern schriftlich! Dies passte sehr gut zu ihren schriftlichen Noten: durchweg »eins« und »zwei« in den wichtigsten Fächern. Wie – um Himmels willen – konnte ihr Vater da ernsthaft behaupten, dass seine Tochter nicht gern redete?

Einige Fragen an den Vater ließen mich verstehen, weshalb Jasmin lieber schrieb, als redete: Der Vater war von Beruf Handelsvertreter. Ein Job, in dem man sein Ziel nur durch bewussten Einsatz von Argumenten und Überzeugungskraft erreicht – eben mittels mündlicher Sprache. So, wie er hier vor mir saß, strahlte er mit jeder Faser Selbstbewusstsein und Durchsetzungsfähigkeit aus: ein strenger »Logiker«, der ausschließlich seinem Verstand vertraute – keinesfalls seinen Gefühlen. Jasmins Mutter wurde mir als eher zurückhaltende und sehr mädchenhafte Frau beschrieben – also in ihrer Persönlichkeit das genaue Gegenteil des Vaters. Jasmin schien ihre Persönlichkeit offenbar an der »Vorlage« ihrer Mutter zu orientieren. Von dieser hatte das Mädchen die für sie offensichtlich erstrebenswerte Art und Weise der Kommunikation »abgeschaut«: »Lass dich bloß nicht auf Diskussionen ein – du ziehst sowieso den Kürzeren!« Jasmins gesamte Mimik und Körperhaltung signalisierte resigniert: »Du hast ja vielleicht recht – aber du verstehst mich nicht: Ich kann dir nicht begreiflich machen, was ich meine!« Von Jasmin erfuhr ich, dass oftmals sie diejenige war, die in Konflikten oder im Falle von Missverständnissen im Freundeskreis als Vermittlerin fungierte oder durch Freundinnen bei Kummer gern als Ratgeberin in Anspruch genommen wurde. Also bekam sie von mir für die Schule einen Auftrag, dem sie gern nachkommen würde: Vermittlerin und Ratgeberin im

Unterricht zu sein. Nach der Hypnoseeinleitung sollte sie sich vorstellen, wie sie am Unterricht teilnahm und intuitiv herausbekam, welcher Mitschüler dem Stoff nicht folgen konnte. Dann sollte sie überlegen, welche Frage gestellt werden musste, damit der Lehrer die Chance erhielt, den Lehrstoff noch anschaulicher zu erklären. Diese Frage sollte Jasmin dann stellen. In dieser Thematik ließ ich Jasmin etwa zwanzig Minuten.

Acht Wochen später machten wir einen Kontrolltermin. Jasmin kam allein, sichtlich lockerer und offener. »Nun, was ist dir alles an dir aufgefallen seit unserem ersten Termin?«, fragte ich sie. Jasmin sprudelte los: »Ich melde mich jetzt mehr. Ich find's auch gar nicht mehr schlimm, was zu sagen. Meine Lehrer sagen, wenn ich mündlich so bleibe, wäre die Oberstufe wohl kein Problem.« Der Erfolg in der »mündlichen Beteiligung« während des Unterrichtes wurde möglich, weil Jasmin nun ihre Stärken nutzte, nämlich Schwächeren zu helfen: Durch ihre gezielten Sachfragen erhielten die Lehrer die Chance, den Stoff zu vertiefen, die schwächeren Schüler konnten dem Lehrstoff besser folgen, und Jasmin bekam endlich gute Noten in mündlicher Beteiligung. Ein Ergebnis mit vielen Gewinnern!

Hier wird wieder deutlich: Sobald du als Mensch das Gefühl hast, eine neue Chance zu bekommen, können durchaus gravierende positive Veränderungen ihren Lauf nehmen. Du brauchst einfach nur einen guten Grund für deine Weiterentwicklung – und ein begeistertes Interesse daran.

Lernen durch Begeisterung

Aber wie soll man sich nun für arabische Klimatabellen, die Fotosynthese oder das Periodensystem der Elemente begeistern? Antwort: gar nicht! Außer man kann mit dem Wissen etwas Nützliches anfangen. Aber wer nicht vorhat, eine Fußball-WM in Qatar zu veranstalten, wem es egal ist, dass man da im Sommer bei 45 Grad Celsius und 85 Prozent Luftfeuchtigkeit nach 90 Minuten Sport einen Kreislaufkollaps heraufbeschwört, wem es nichts ausmacht, dass seine großblättrigen Pflanzen im Schlafzimmer nachts Sauerstoff verbrauchen, anstelle welchen zu erzeugen, und wer auch nicht vorhat, mit einem ganz normalen Bleistiftanspitzer aus Magnesium und etwas Schwefel von Streichhölzern ein schönes grellweißes Feuerwerk zu zaubern, das jede Tischplatte durchbrennen kann und sich nicht mit Wasser löschen lässt, weil es aufgrund seiner Elektronennegativität sogar den Sauerstoff aus dem Wasser zieht, dem kann das alles natürlich egal sein. Alle anderen merken jedoch: Selbst die scheinbar langweiligsten Sachen können noch irgendeinen interessanten Aspekt haben, man muss einfach nur überlegen, wo der Inhalt in der eigenen Lebenswelt auftauchen könnte.

Noch ein paar Beispiele? Shakespeare-Sonette, diese völlig undurchsichtigen und schwer verständlichen vierzehnzeiligen Gedichte aus dem fünfzehnten Jahrhundert, sind voller sexueller Anspielungen – wie etwa dem Hinweis, dass korallenrote Lippen bei einer Frau ein Anzeichen für eine gewisse hormonell-bedingte Flirtbereitschaft sind (Sonett 18). Auch der Hinweis, dass ähnlich der Sonne funkelnde Augen einer Frau zeigen, dass diese Dame begehrenswert ist (Sonett 130) und dass Liebe mehr ist als nur

Begierde nach Schönheit (Sonett 116) oder auch die kleine schlüpf-
rige Anmerkung, dass Hamlet im Schoß von Orphelia ein »Nichts«
vorzufinden weiß (»Nichts« ist wie »Loch« ein vulgärer Ausdruck
für das weibliche Genital) oder dass Alkohol zwar sexuelle Geil-
heit auslöst, aber wiederum zu viel davon die »Performance« sabotiert, wie der Torwächter in Macbeth zu berichten weiß, sind
Botschaften, die im elisabethanischen England verschlüsselt werden mussten, damit der Verfasser nicht wegen Verstoßes gegen
die puritanischen Sitten hingerichtet wurde. Und das macht den
guten alten William Shakespeare doch gleich etwas interessanter
für Pubertierende, oder?

Allen anderen, denen es schwerfällt, in den Inhalten des Schul-
stoffes auch nur irgendetwas Sinnvolles zu entdecken, sei geraten:
Hör dem Lehrer zu, lies das Zeug in den Schulbüchern, denn du
brauchst den Stoff zumindest, um dich im nächsten Test, Referat
oder der Abfragerunde nicht dumm wie ein Knäckebrot zu fühlen.
Danach kannst (und wirst) du ohnehin einiges wieder vergessen.
Das ist aber okay. Es geht doch nicht um dauerhafte Bildung, sondern darum, die Schule möglichst stressfrei zu überstehen. Und
liebe Eltern: Keine Angst, nur weil man einem Kind erlaubt, etwas
wieder zu vergessen, wird es interessante Dinge dennoch behalten – ohne Druck kein Stress und ohne Stress keine Blockade. Und
wenn der Stoff tatsächlich irrelevant ist, dann kann man ihn ja
auch ruhig vergessen.

Mündliche Strafnoten

Der erste Schritt, deine mündlichen Noten zu verbessern, besteht darin, dein Image beim Lehrer aufzupolieren. Lehrer sind Menschen und haben Grenzen, Schwächen und Ängste. Wenn du in der »mündlichen Mitarbeit« schlechte Noten bekommst, dann kannst du davon ausgehen, dass entweder mit dir oder mit dem Verhältnis zum Lehrer etwas nicht stimmt. Meist ist beides gleichzeitig der Fall. Wenn du keine Angst mehr vor dem Lehrer hast und dich ganz gelassen für den Unterricht interessierst, dann fühlt sich der Lehrer auch nicht versucht, dich mit Strafnoten zu nötigen. Was ist also zu tun? Hand hoch und einfach Fragen stellen! Ich habe als Schüler den Lehrer immer dann um eine erneute Erklärung gebeten, wenn ich bemerkte, dass die üblichen »Schulversager« in der letzten Reihe wieder nichts verstanden hatten, sich aber nicht zu fragen trauten. Dann meldete ich mich und fragte eben nach – und die Lehrer erklärten alles in einer Zusammenfassung. Dies verhalf den entsprechenden Mitschülern, ganz entspannt (erwartungslos, da sie selbst sich nicht outen mussten und auch nicht angesprochen wurden) zuzuhören, zu verstehen, das Wissen zu behalten und bei der nächsten Abfrage zu wiederholen. Irgendwann bemerkten auch die Lehrer, dass ich deren Unterricht managte, und sahen von Strafnoten wegen chronisch fehlender Hausaufgaben ab.

Schülertipp

Sich häufig zu melden verbessert im Kopf des Lehrers die mündliche Note und hilft dir dabei, dem Unterricht besser zu folgen.

Außerdem wird dir, wenn du dich öfter meldest, eine falsche Antwort locker verziehen, während ein nahezu taubstummer und scheinbar hirntoter Schüler, dessen seelenlose Hülle in der letzten Reihe seine Anwesenheitspflicht absitzt, bei Aufruf oft auch noch etwas Falsches sagt und damit seiner mündlichen Note den Gnadenschuss gibt. Melde dich, wann immer du kannst, stelle Fragen und riskiere auch mal eine falsche Antwort. Es gibt keine guten Noten für Anwesenheit, aber für den Versuch der Mitarbeit.

Es gibt aber auch noch eine andere Möglichkeit der Frage, um die mündliche Benotung rasch und leistungslos zu verbessern:

An einem Sonntagabend waren meine Frau und ich bei unserer Freundin Ines zu Besuch. Es gab viel zu erzählen, und ihre neunjährige Tochter Paula versuchte hin und wieder, etwas Aufmerksamkeit zu erheischen. Nach einer Weile stöhnte sie: »Ach, ich muss ja noch Bio machen.« Obwohl wir beim Abendessen waren und niemand in der Runde dem Mädchen jetzt besonders viel Beachtung schenken wollte, fragte ich sie, ob sie Bio denn mochte. Sie verneinte kopfschüttelnd und erzählte, dass sie in Biologie bei »vier bis fünf« stand und die Lehrerin sehr streng wäre. Die meisten Schüler würden die Frau daher nicht so sehr mögen. Das triggerte mein Mitgefühl oder meinen wassermännischen Problemlösungsreflex an, ich weiß es nicht. Jedenfalls wollte ich dem Mädchen helfen, wieder eine gute Note zu bekommen – und das ging ganz einfach. Ich erfragte, welcher Stoff denn aktuell dran sei, woraufhin sie mit missmutiger Stimme und nach oben verdrehten Augen antwortete: »die Merkmale des Lebens«. Ich fragte Paula, ob sie eine Eins in Bio wollte, ohne etwas dafür tun oder wissen zu müssen. Sie machte großen Augen, fing dann an zu lachen und sagte erwartungsvoll: »Na klar!« Ich tat unwissend und ließ mir von ihr erklären, woran der Biologe Leben erkennt, und sagte dann: »Schau mal dort auf der Fensterbank.« Dort hatte die Mutter ein paar dekorative Gegenstände aufgestellt und darunter war auch ein kleiner, schön gewachsener Bergkristall. Ich sagte zu Paula: »Nimm den mal mit zur Schule und frage die Biolehrerin, ob der Bergkristall lebt. Schließlich erfüllt er ja alle Kriterien des biologischen Lebens.« Ich erklärte weiter: »Er hat eine Gestalt, er wächst, er hat Gedeih und Verderb, denn wenn man einen Bergkristall radioaktiv bestrahlt, wächst er nicht weiter, und er hat einen Stoffwechsel, denn er verbindet Silizium und Sauerstoff zu Siliziumdioxid. Er vermehrt sich mit kleinen Ablegern, und auf Reize reagiert ein Kristall auch, wie der Elektroniker weiß. Und wie ich aus der Erinnerung heraus meine, ist das siebte Kriterium für Leben, das der ›Bewegung‹, umstritten.«

Diese Argumentation hielt vielleicht keinem Staatsexamen stand, aber für eine Grundschülerin musste es reichen, um der Lehrerin ein ernstes Interesse am Stoff auf höherem Niveau zu signalisieren. Vor allem ein ungeheucheltes, wie du gerade selbst feststellen kannst. Die Antwort auf die Frage, ob ein Kristall nun lebt oder nicht, da er ja die Kriterien des Lebens scheinbar erfüllt, dürfte dich doch jetzt wohl auch interessieren, oder? Ich kenne die Antwort nicht, aber Paula hat später im Unterricht ihrer Lehrerin diese Frage gestellt, die Lehrerin war positiv überrascht. So kam in die festgefahrene Schüler-Lehrer-Beziehung eine Wendung, die sich in einer wesentlich besseren Note niederschlug. Die letzte Note war eine Zwei und schrammte mit nur einem Punkt an einer Eins vorbei, berichtete mir ihre Mutter.

Das Gleiche gilt natürlich auch für das Fach Religion. Ich sage immer mit einem Zwinkern, »wer keine Eins in Reli hat, glaubt nicht an Gott«. Damit ist etwas doppeldeutig gemeint, dass ein Religionslehrer seine Noten etwas davon abhängig macht, ob der Schüler mit ihm konform oder auf Konfrontationskurs geht. Außerdem kann ein bisschen Selbstvertrauen (Gottvertrauen) in einem rein theoretischen Fach, in dem es um Glauben geht, nicht schaden.

Auch hier halten wir es wieder mit Albert Einstein, der sagte: »Das Wichtigste ist, dass man nicht aufhört zu fragen.« Es gibt keine dummen Fragen, nur etwas *nicht* zu fragen ist dumm! Du könntest dem Religionslehrer zu einer passenden Gelegenheit etwa die Frage stellen: »Warum hat Jesus eigentlich Wasser in Wein verwandelt, wo Alkohol doch eigentlich schädlich ist? Warum hat er das Wasser nicht so gelassen, wie es ist? Sollen wir etwa kein Wasser trinken? Oder hat das damit zu tun, dass es heißt ›In vino veritas‹ – im Wein liegt die Wahrheit? Oder wusste Jesus vielleicht damals schon, was heute jeder Arzt weiß, nämlich dass Rotwein das Herz schützt?« Diese Frage kann übrigens auch getrost von einem muslimischen Kind gestellt werden.

Was glauben Sie, liebe Eltern, macht eine solche Frage wohl mit einem Religionslehrer, der christliche Prinzipien verinnerlicht hat? Wenn man ein bis zwei Unterrichtsstunden zuvor schon einen Hauch von Interesse gezeigt hat, dann müsste der Lehrer spätestens jetzt eigentlich denken, dass dieses Kind, vielleicht Ihr Kind, förderungswürdig ist – und es mit einer Notensteigerung zu motivieren versuchen. Niemand will, dass der dünne Faden der Harmonie abreißt. Was im Mündlichen geht, das funktioniert auch im Schriftlichen. Kommen wir zu der Frage: Wie rockt man seine Klassenarbeit?

Schulaufgaben, Klausuren und Co.

Einer der wichtigsten Schritte für bestmögliche Klassenarbeiten ist, keine Angst zu haben! Dazu muss man zwei Dinge wissen:

1. Angst entsteht immer *vor* etwas, nie *bei* etwas. Also vor einer befürchteten Situation, aber nicht, wenn diese dann eintritt. Angst ist nämlich immer Angst vor Kontrollverlust. Ist die Befürchtung eingetreten, so ist die Angst sofort verschwunden, weil man nun eine Möglichkeit hat, die Situation zu kontrollieren – und sei es auch nur, indem man sie aushält.

2. Angst ist keine Krankheit oder Dummheit, sondern ein Schutz vor einer subjektiv bereits erlebten Existenzbedrohung. Das klingt vielleicht übertrieben, wenn wir an Angst vor Wespenstichen, Fahrstühlen oder dem Donnerwetter nach einer versemmelten Klassenarbeit denken, aber diese Befürchtungen sind immer nur Trigger für etwas, das in ähnlicher Form bereits erlebt wurde. Erlebt in einer Zeit, in der das kindliche Zeitempfinden noch nicht entwickelt war: in den ersten drei Jahren des Lebens! Die möglichen Wespenstiche im Biergarten triggern dabei oftmals den Stich durch die Blutentnahme bei der nachgeburtlichen Untersuchung an, der Fahrstuhl im Bürohochhaus erinnert an die Enge und Sauerstoffnot während des Geburtsvorganges. Ein Donnerwetter wurde nicht selten schon während der Embryonalentwicklung vernommen und in seiner Bedrohlichkeit wahrgenommen. Ein Baby, welches ein heftiges Streitgespräch mitbekommt (spätestens ab dem fünften Schwangerschaftsmonat ist das Hörvermögen des Embryos entwickelt), bekommt über die Nabelschnur die dabei entstehenden Stresshormone der Mutter mit und spürt die ent-

sprechenden Empfindungen. Die Schlussfolgerung ist, dass solche Erlebnisse absolut Stress auslösend sind. Daher die künftige Empfindlichkeit für ähnliche Situationen.

Angst blockiert das rationale Denken, da die emotionale Relevanz eines solchen Erlebnisses weit höher ist als die rationale. Wenn du als Schüler eine Klassenarbeit mit Angst schreibst, schreibst du sie nicht annähernd so gut, wie wenn du keinerlei Angst hättest. Ich weiß, dass Angstfreiheit oft mit Leichtsinn gleichgesetzt wird – aber nur von Angsthasen. Ein angstfreier Mensch ist entscheidungsfrei, da er nicht reagiert, sondern abwägt, wie er mit einer Situation umgeht. Das wird daran liegen, dass Emotionen die rationalen und damit in die Zukunft gerichteten Gedanken schlichtweg verhindern. Aber es gibt einen Trick, der dieses Phänomen nutzt. Man braucht lediglich kurz vor der Klassenarbeit eine andere Emotion zur Priorität erheben. Hierfür geht man in drei Schritten vor:

1. Schließe die Augen, zähle langsam im Viersekundentakt von drei bis null, um wirklich zur Ruhe zu kommen (die 16 Sekunden Zeitinvestition lohnen sich!), und überlege: Wovor ganz genau habe ich Angst? Woher kommt die Angst ursprünglich (da warst du erst wenige Monate alt), und was genau war daran so schlimm für mich?

2. Bewerte auf einer Skala von zehn (absolut schlimm) bis null (völlig egal), wie bedrohlich das befürchtete (künftige) Ereignis wirklich ist. Merke dir die Zahl.

3. Statt dir vor Augen zu führen, was alles geschehen könnte, falls du eine schlechte Note bekommst, stell dir nun vor, wie du ganz gelassen, konzentriert und in Ruhe deine Klassenarbeit

schreibst und danach Pause hast. Sobald das Zielbild deutlich vorstellbar ist, öffne deine Augen und fang mit der Klassenarbeit an. Schreibe sie so, als würdest du einem guten Freund bei den Hausaufgaben helfen. Ganz gelassen und ohne Druck. Vielleicht wirst du nicht ganz fertig, aber das, was du bis dahin geschrieben hast, wird besser, als wenn du schwitzend vor Angst am Füller kaust und vor lauter Zeitstress dämliche Flüchtigkeitsfehler reinhaust.

Wenn du fertig bist, gib ab, geh in die Pause, und lass dich von der Note überraschen. Wenn du wirklich angstfrei geschrieben und auch zuvor nicht den Unterricht sabotiert, sondern den Lehrer motiviert hast, dich zu unterrichten, wird das sehr wahrscheinlich eine gute Note.

Hier ist natürlich umso wichtiger, dass Sie, liebe Eltern, sich wirklich aus den schulischen Angelegenheiten heraushalten. Bleiben Sie cool, sowohl bei schlechten als auch bei guten Noten. Ihr Kind geht nicht für Sie zur Schule, es schaukelt nicht für Sie auf dem Spielplatz, und es macht auch für Sie keine Computerspiele.

Herunterzählen von drei bis null (Kai, 16)

Mein Kollege Darius Sobhan-Sarbandi berichtete mir von Kai, einem 16-jährigen Realschüler. Dieser hatte stets unfassbare Angst vor Klassenarbeiten jeder Art. Obwohl die Eltern eigentlich gar nicht so streng waren, fürchtete Kai immer, dass es ein mächtiges Theater geben könnte, wenn er eine schlechtere Note als ein »Befriedigend« mit nach Hause brachte, was immer öfter der Fall war. Der Coach zeigte dem Teenager, wie man sich mit geschlossenen

Augen ganz in Ruhe von seinen eigenen Gedanken leiten lässt.[36]
Kai wurde anhand des Angstgefühls im Körper deutlich klar, dass
er nur deshalb schlechte Schulleistungen erbrachte, weil er sich zu
sehr unter Druck gesetzt fühlte. Der Ursprung dieses Musters war,
dass Kais Mutter vor seiner Geburt wehenauslösende Mittel bekommen hatte, obwohl das Baby selbst noch nicht rauswollte. Der
noch ungeborene Kai empfand dies als eine enorme Bevormundung, und seine Reaktion darauf war zu *resignieren*. Auch wenn
die Ärzte selbstverständlich alles gut gemeint hatten, so bedeutete dieses Erlebnis für ihn einen massiven Eingriff in seine Entscheidungsfreiheit. Er fühlte sich sozusagen unter Druck gesetzt,
ohne zu wissen, warum. Bei Kai installierte diese Erfahrung eine
Art Knopf, der jederzeit wieder gedrückt werden konnte, sobald
er Ähnliches erlebte, wie zum Beispiel Erwartungsdruck von den
Eltern, den Lehrern oder der Schule allgemein.

Durch das Einüben einer Selbsthypnose (nichts anderes ist
das Herunterzählen von drei bis null) mit dem Ziel der inneren
Ruhe gelang es Kai, sich darauf zu programmieren, dass er einfach
unbekümmert seine Klassenarbeit schrieb. Ihm war ja nun klar,
dass der »Geburtsdruck« sich trotz schlechter Noten nicht wiederholen konnte.

Abiturklausuren in Hypnose

Ich selbst habe seinerzeit meine Abiturklausuren, die jeweils vier
Stunden dauerten, mit genau dieser Selbst-Programmierung geschrieben. Mir war damals zum Glück schon bekannt, dass unser
Gehirn auch Dinge erinnern kann, die niemals im rationalen Ge-
dächtnisspeicher vorhanden waren, aber unter Angst natürlich

blockiert sind. Also zählte ich mich mit geschlossenen Augen von drei bis null herunter und stellte mir vor, wie ich einfach die Klausur schrieb und danach mein Ziel erreichte: die Pause. Das mag banal klingen, aber genau so haben wir alle als kleine Kinder das freihändige Laufen gelernt! Beim Laufenlernen ging es niemandem primär ums Laufen; stattdessen wollte man etwas, das die Aufmerksamkeit gefesselt hat, um jeden Preis erreichen. Es war etwas Banales – ein Stuhl, ein Tischbein oder ein Spielzeug. Das Laufen geschah ganz nebenbei von allein. Genauso kann man jederzeit wieder den inneren Autopiloten auf *Erfolg* einstellen. Dazu bedarf es lediglich der Bereitschaft, Risiken nicht zu vermeiden, sondern in Kauf zu nehmen. In-Kauf-Nehmen heißt nicht herbeiwünschen, sondern im Gegenteil sogar, die Aufmerksamkeit davon abziehen! Darum geht es! Diese Erfolgsstrategie ist dadurch gekennzeichnet, dass du ein emotional relevantes Ziel mit Selbstvertrauen ansteuerst und alles dafür in Kauf nimmst, was notwendig ist, um es zu erreichen. Hättest du dein Handeln angstvoll und rational kontrolliert, also dir vorher überlegt, mit welchen Muskelbewegungen du am besten die Balance hältst, und hättest du permanent in Betracht gezogen, dass du dir beim Versuch zu laufen den Schädel einrennen könntest, würdest du heute noch auf dem Boden krabbeln! Wenn du also deine Klassenarbeit in einer Gefühlslage schreibst, als würdest du jemandem, den du sehr magst, bei den Hausaufgaben helfen, kann das keine schlechte Note mehr werden. Nicht genauso, aber ähnlich ist es bei mündlichen Prüfungen.

Blitztherapie gegen Prüfungsangst

Eine meiner Lieblingsvorlesungen damals an der Universität war »Prüfungspsychologie«. Ich wusste bis zu diesem Zeitpunkt gar nicht, dass es überhaupt so etwas gibt. Ich litt damals noch unter beträchtlicher Prüfungsangst, die aber schlagartig verschwand. Denn mein Dozent, Professor Karl-Otto Bauer, erläuterte, dass eine Prüfung nicht prüft, ob man etwas kann, sondern ob man bereit ist, bei einer Prüfung mitzumachen. Das überraschte mich, hatte ich doch bislang immer gedacht, bei einer Prüfung müsse man fehlerfrei abliefern, um zu bestehen.

Wer also eine mündliche Prüfung bestehen möchte, bedenke folgende Punkte:

1. Der Prüfer ist kein Sadist, sondern möchte einen Kandidaten durch die Prüfung führen und ihn am liebsten bestehen lassen.

2. Der Prüfer weiß, dass der Kandidat kein Meister, kein Gott und auch kein Allroundgenie ist, sondern ein Prüfling.

3. Der Prüfer erwartet, dass der Prüfling ein gewisses Maß an Interesse am Prüfungsthema hat. Totale Ignoranz und eine Nulllinie im Hirn des Prüflings kommen nicht so gut an. Auch solltest du nicht den Prüfungsraum betreten wie John Wayne einen Saloon, sondern mit ausreichend Respekt und Achtung vor dem Prüfungskomitee.

4. Mach dir vor der Prüfung bewusst, in welchem Thema des Prüfungsfaches du genug weißt, um einem Freund darüber etwas Gehaltvolles erzählen zu können. Bereite zumindest dieses eine Thema gut vor.

5. Wenn der Prüfer dich dann etwas fragt, wovon du keine blasse Ahnung hast, brich nicht weinend zusammen, und flehe nicht

um Gnade (das nervt!), sondern sag ehrlich und bedauernd, dass das der weißeste Fleck auf deiner geistigen Landkarte ist und dass du das Thema noch nie so richtig verstanden hast, und dann ...

6. Sag dem Prüfer: »Hätten Sie mich zu dem Thema Soundso gefragt, dann hätte ich Ihnen einiges erzählen können, aber ausgerechnet dieses Thema hier, o weh!«

7. Versuche dann, so gut es geht, zum geforderten Thema irgendetwas Sinnvolles zu sagen. Sprich aus, was du dir gerade denkst, selbst wenn es völlig falsch ist. Sei dabei freundlich und bemüht.

8. Der Prüfer weiß nun, dass hier nicht viel bei dir herauszuholen ist. Aber er weiß jetzt auch, worin er dich prüfen könnte, um dir eine Chance zu geben! Wenn du dich nicht als Trotzkopf, Heulsuse oder Draufgänger unbeliebt gemacht hast, wird der Prüfer dir eine Chance geben und dich zu dem Thema etwas fragen, bei dem du zuvor angedeutet hast, dass du es verstanden hast.

9. Dann kannst du einfach loslegen! Und selbst wenn das kein abendfüllender Universitätsvortrag wird, so weiß nun der Prüfer, dass du keine Amöbe bist. Er wird dir vermutlich eine Gnadennote geben.

Es kann nicht schaden, vor jeder Prüfung in Gedanken zunächst von drei bis null zu zählen, um sich etwas herunterzufahren. Jeder Profisportler macht das auf die eine oder andere Art so vor jedem Wettkampf.

All die oben angesprochenen Methoden funktionieren natürlich nur, wenn deine Mitschüler dich nicht daran hindern. Oftmals sind es die »School-Bullys«, die »Klassentyrannen« und »Vollversager«, die ein Problem damit haben, dass jemand anderes nicht ganz so *ablosed*[37] wie sie selbst.

Mobbing

Ein sehr ernstes Thema mit einer einfachen Lösung! Es ist kein Geheimnis: Zum Mobbing gehören immer zwei – derjenige, der mobbt, und derjenige, der sich mobben lässt. Sprechen wir einmal von einer »Mobbing-Beziehung«, wird dies deutlich: In jeder Beziehung gibt es Erwartungen und Projektionen. Wenn man Mobbing-Opfer ist, sollte man zunächst verstehen, dass ein Täter nur zum Täter wird, wenn das Opfer ein Opfer wird. Das war auch schon das Wichtigste, was man wissen muss, um sich nicht länger mobben zu lassen. Doch Ihr Kind braucht Sie für dieses Thema, liebe Eltern, da Mobbing dennoch ziemlich kompliziert zu erklären und zu durchleuchten ist.

Wenn Ihr Kind gemobbt wird, verursacht das in Ihnen vermutlich große Wut und Sorge. Doch versuchen Sie, besonnen vorzugehen und Ihrem Kind dabei zu helfen, sich aus der Opferrolle zu befreien. Dazu muss es verstehen, dass sein/e Peiniger/in (das kann ein/e Mitschüler/in sein, aber auch eine Lehrkraft) eigentlich bemitleidenswert ist – dass der Mobber selbst Opfer gewesen sein und schlimme Erfahrungen gemacht haben muss. Dass der Mobber ein armes Wesen ist, das sich selbst nur schwer ertragen kann und sich nur sicher fühlt, wenn es andere erniedrigt.

Vielleicht können Sie gemeinsam mit Ihrem Kind den Täter ein bisschen analysieren. Warum mobbt er, was hat er davon? Was könnte er erlebt haben, dass er so geworden ist? Warum hat er sich ausgerechnet Ihr Kind als Opfer ausgesucht? Was könnte Ihr Kind an sich haben, um so große Resonanz im Täter hervorzurufen? Gemeinsamkeiten mit einem früheren Peiniger des Täters? Oder etwas, um das der Täter Ihr Kind so sehr beneidet, dass er sich ohnmächtig fühlt und Ausgleich sucht?

Wenn Ihr Kind große innere Stärke entwickelt, kann der Mobber es nicht mehr erniedrigen – und er wird sich schließlich resigniert abwenden. Ihr Kind muss verstehen, ja wahrhaft verinnerlichen: Der Mobber hat einfach nur Angst – Angst vor Verurteilungen, vor Ablehnung und Bestrafung. Erklären Sie Ihrem Kind das Phänomen der Projektion: Der Mobber projiziert sich selbst, seine eigenen schlimmen Erfahrungen und Gefühle auf sein Opfer und macht mit diesem genau das, was seine eigenen Peiniger mit ihm gemacht haben oder noch machen. Durch dieses Verhalten fühlt sich der Mobber für einen Moment lang mächtig und nicht wie ein gedemütigtes Opfer. Glauben Sie mir: Ihrem Kind hilft es kein bisschen weiter, wenn Sie als Eltern entsetzt aufspringen und fordern, dass alle Mobber bestraft werden – unterstützen Sie lieber Ihr Kind dabei, sich für alle Zeiten gegen solche Menschen zu stärken und zu wappnen.

Und das kannst *du* tun, wenn du betroffen bist:
1. Du darfst dich nicht länger als Opfer anbieten. Reagiere einfach nicht, oder, wenn die Attacken zu heftig werden, schau den Mobber verständnisvoll an. Auf keinen Fall weinen oder sich halbherzig wehren.

2. Prahle nicht mit guten Noten und lass dich nicht mit Kommentaren daran hindern, dich am Unterricht zu beteiligen. Wenn dich jemand stört, ignoriere ihn.

3. Falls man dich erpresst oder verprügelt, lass dich nicht darauf ein. Ja, Schläge tun weh, aber jede Form von Einlassung darauf bestärkt den Täter zum Weitermachen. Als Mobbing-Opfer taugst du nur, wenn du dich genauso einschüchtern lässt, wie es einst der Täter vielleicht selbst erlitten hat.

4. Jeder Mensch sehnt sich nach Frieden. Auch der Täter. Vielleicht kannst du ihm Frieden anbieten?

5. Falls du keinen Ausweg siehst, findest du Unterstützung auf www.metapaed.com!

Um zu verdeutlichen, wie man sich aus der Opferrolle befreien kann, erzähle ich oft eine Geschichte aus meinem Leben: Zu Beginn der Grundschule litt ich sehr darunter, dass wir daheim Hausaufgaben machen mussten. Unter »Schule« verstand ich, dass ich täglich ein paar Stunden im Schulgebäude verbringen und mich damit beschäftigen musste, was die Lehrer von mir verlangten. Aber dass wir darüber hinaus noch Schulaufgaben machen sollten, dafür wollte ich eine Begründung. Also fragte ich in meiner kindlichen Ernsthaftigkeit: »Frau Müller, warum müssen wir eigentlich Hausaufgaben machen?« Statt kurz darüber nachzudenken, warum der Kleine ihr im Unterricht eine solche Frage gestellt hatte, antwortete die Lehrerin leichtfertig: »Damit ihr das, was ihr in der Schule gelernt habt, zu Hause vertiefen könnt.« Ich nahm sie beim Wort: Sie hatte gerade vor versammelter Mannschaft gesagt, dass es unsere Sache war, ob wir Hausaufgaben machen oder nicht. Sie hatte nicht gesagt, dass sonst die Schule einstürze oder sie kein Gehalt mehr bekäme, sondern dass ich etwas vertiefen *kann,* nicht *muss.* Und da mich das Zeug, was ich in der Schule gelernt hatte, nicht interessierte, und ich es zu Hause nicht vertiefen wollte, würde ich es auch weiterhin sein lassen. Sie hatte es mir unter Zeugen erlaubt.

Natürlich war das nicht im Geringsten von meiner Lehrerin so gemeint gewesen, aber ich musste von einer Autoritätsperson und Amtsinhaberin erwarten dürfen, dass sie sich präzise ausdrückte und zu ihrem Wort stand. Die darauffolgende Zeit war logischerweise die Hölle für mich. Sämtliche Lehrer wollten mich davon überzeugen, dass es sehr wohl nicht meine Sache war, ob ich Hausaufgaben machte oder nicht, aber ihr einziges Argument bestand in Drohungen und schlechten Noten. Nun bin ich aber nicht autoritär aufgewachsen, sondern mit Liebe, Respekt und Verantwortungsbewusstsein. Daher konnten mich schlechte Noten nicht beeindrucken, und bedrohen ließ ich mich schon mal gar nicht. Aber dann kam etwas Neues ins Spiel: Bossing. Ich weiß noch, wie am 9. Februar 1973, einem Freitag, meine Lehrerin Frau H., die alternde Witwe eines tiefbraunen ehemaligen Nazi-Funktionärs, zur Klasse sagte: »So, Kinder, wir singen ja immer für das Kind, das Geburtstag hat – und heute hat der Andreas Geburtstag. Wir singen ›Matsch, klatsch, matsch, klatsch, der Winter ist vorbei!‹« Sie klatschte dabei in die Hände und sang. Nun, zugegeben, es war Anfang Februar, und nach einem kalten Winter freuten sich alle auf Tauwetter und den baldigen Frühling. Aber nun heiße ich zufällig »Winter«. Alle Kinder sangen, klatschten und lachten; ich sang und klatschte ebenfalls. Aber ich weinte. Es war sehr eindeutig, dass diese Lehrerin versuchte, mich zu demütigen. Und als ob das nicht genug gewesen wäre, setzte sie noch eines obendrauf und sagte: »So, jetzt singen wir noch ›Winter ade, scheiden tut weh‹!« und fügte hinzu: »Aber eigentlich tut das nicht weh, denn der macht ja nie seine Hausaufgaben!« Alter Schwede! Da instrumentalisierte diese Frau eine ganze Schulklasse gegen mich! Das war nicht lustig! Aber das Schlimmste kam danach, denn ich war von höchster Stelle (die Frau war stellvertretende Direktorin) zum Abschuss freigegeben. Das bedeutete, alle Kinder konnten sich risikolos an mir vergreifen, denn ich war schutzlos. Die anderen Kinder freuten sich auf die Pause, doch ich hatte Angst davor, denn die jeweilige Pausenaufsicht schaute weg, wenn ich von den Klassenschlägern mal wieder in die Zange genommen wurde. Offenbar war es den Lehrern nicht unrecht, wenn der kleine anarchistische Andreas Winter mal wieder Schläge bekam. Tückisch war, dass ich mich nie wehrte. Zum einen, weil ich ein besserer Zuhörer als Schläger war; zum anderen, weil ich damals schon in meinen Gedanken viel zu konsequent war.

Meine Überlegung war: Wenn ich zurückschlage, unterzeichne ich damit quasi eine Kriegserklärung, deren Grund ich nicht kenne. Und wenn ich den Grund für den Krieg nicht kenne, dann kann ich diesen auch nicht beenden, außer mit Vernichtung. Da ich aber nicht vorhatte, meine Mitschüler zu erschlagen, ich aber auch nicht jeden Tag Punkt acht eine Schlägerei führen wollte, nur weil wir im Krieg waren, hoffte und wartete ich darauf, dass sie damit vielleicht eines Tages aufhören würden. Doch ich wartete vergebens. Rund drei Jahre lang wurde ich regelmäßig verprügelt, und niemand kam mir zu Hilfe. Ein gut gemeintes »Wehr dich doch mal« brachte aus besagten Gründen bei mir gar nichts. Bis ich im April 1976, im vierten Schuljahr, mal wieder weinend von der Schule nach Hause kam – mit einer Stunde Verspätung.

Ich hatte längst aufgegeben, meiner besorgten Mutter zu erklären, dass ich nicht »herumgetrödelt« hatte, sondern entführt worden war. Denn was sollte sie schon ausrichten? Meine Mitschüler verprügeln? Das erschien mir kein probates Mittel. Aber dann kam meine große Schwester. Sie sah mich weinen und fragte: »Was ist los?« – und ich sagte: »Ich bin mal wieder verkloppt worden.« Sie fragte: »Von wem?« Ich antwortete: »Von Stefan, von Markus und von Dirk« – und sie fragte weiter: »Warum machen die das?« Ich dachte nach. Das war eine gute Frage – warum machten die das? Vielleicht, weil die mich einfach doof fanden ...? Ich entgegnete: »Weiß ich nicht.« Meine Schwester sah mich an und sagte: »Überleg doch mal, sind das die Besten aus deiner Klasse?« Nein, das waren die Schlechtesten. Ich hatte ja schon schlechte Noten, aber das waren die absoluten Bruchpiloten. Und meine Schwester erklärte, »Schau mal, wenn ihr mit einer Klassenarbeit nach Hause kommt, dann kriegen die an der Tür eine Ohrfeige und eine Woche Stubenarrest. Und du bekommst – Mittagessen!« Das stimmte, meine Eltern hatten mich für schlechte Noten nie bestraft oder bedroht, sondern mir immer angeboten, mit ihnen für die Klassenarbeit zu üben, wenn ich Bedarf hätte. Wenn ich keine Hilfe anforderte, dann hatte ich auch die alleinige Verantwortung für das Ergebnis der Arbeit. Aber damit wurde mir schlagartig klar, *wer* hier eigentlich das Opfer war, nämlich nicht ich.

Für mich war nur die Schulzeit schlimm, aber die ging ja irgendwann vorbei. Für die anderen war das Leben schlimm – und das dauert meist etwas länger an. Ich hatte ein Zuhause und keinen Gerichtshof. Meine Schwester sagte: »Siehste, zu Hause fühlen die sich klein. Und damit die sich auch einmal groß fühlen, verkloppen sie dich auf dem Schulhof.« Mit dieser Erkenntnis ging ich am nächsten Tag wieder in die Schule und wurde wie üblich in der Pause in die Schulhofecke gedrängelt, wo ich auch gleich den ersten Schlag in den Magen verpasst bekam. Aber ich musste nicht mehr weinen, denn der Junge vor mir zeigte mir ja deutlich, dass er sich klein fühlte. Ich sah ihn förmlich vor mir, wie er von seinem eigenen Vater geschlagen wurde nur wegen einer schlechten Klassenarbeit! In den folgenden zwei Tagen geschah ein kleines Wunder: Noch immer versuchten die Klassenschläger, mich zu tyrannisieren, aber es gelang ihnen einfach nicht, denn einen kleinen Jungen zu verprügeln, der einen dabei analytisch und mitfühlend ansieht – das geht nach hinten los. Die anderen Kinder, die sonst immer vorbeigegangen waren und gelacht hatten, blieben nun stehen und lachten – aber nicht über mich. Sie lachten über diejenigen, die versucht hatten, mich zu demütigen, was aber nicht gelang, denn *ein Kleiner kann dich nicht kleinmachen, denn er ist ja klein. Und ein Großer macht dich nicht klein, weil er das nicht nötig hat – er ist ja schließlich groß!* In der Folgezeit wollten diese Burschen sogar allen Ernstes meine Freunde werden, was ich zwar genoss, aber dankend ablehnte; meine Freunde suchte ich mir selbst aus. Aber es war wirklich verblüffend! Ich ließ mich nicht länger mobben – und damit wurde ich für sie zum Hero!

Ich hoffe, es ist deutlich geworden, was ich am Anfang des Kapitels zum Mobbing-Gegenmittel sagte: Es gehören stets zwei zum Mobbing – aber es braucht nur einen, um es zu beenden. Und selbst wenn Ihr Kind eine Lern- oder Lese-Rechtschreib-Schwäche mit Dyskalkulie, Legasthenie und ADHS haben sollte, so ist das noch lange kein Grund, dass es nicht trotzdem eine stressfreie Schulzeit haben kann. Es darf nur nicht den Fehler bei sich suchen.

Lese-Rechtschreib-Schwäche/Legasthenie

Mein mehrfach erwähnter Kollege Darius Sobhan-Sarbandi, nicht nur ein begnadeter Schülercoach, sondern auch Schauspieltrainer für internationales Profiklientel und selbst Schauspieler, lernt manchmal ellenlange Texte für Rollen auswendig. In seinen Coachings verblüfft der Sozialpädagoge oft mit der Aussage, selbst Legastheniker zu sein. Wie geht das?

Sobhan-Sarbandi erläutert diese angebliche Schwäche wie folgt: »Anders als Nicht-Legastheniker, denken Legastheniker mehr in Bildern. Ein weiterer Unterschied liegt im Erfahren der Welt. Legastheniker erfassen ihre Umgebung, indem sie z. B. Gegenstände aus verschiedenen Blickwinkeln betrachten. Ähnlich wie ein 3D-Computerprogramm ein ganzheitliches Bild erstellt, indem es aus unterschiedlichen Standpunkten einen kompletten Eindruck von einem Gegenstand errechnet. Durch diesen kognitiven Prozess erschaffen Legastheniker für sich einen Sinn von der Welt. Mit Worten funktioniert das aber nicht, da es das Wort einfach anzunehmen gilt. Die Frage, warum das Wort ›Blume‹ eine Blume meinen soll, ist für Legastheniker verwirrend. Es ergibt keinen Sinn. Und mit dem Prozess des Standpunktspringens erschließt sich ebenfalls kein Sinn bzw. Bild. In einem rasant schnellen Prozess, der dem Legastheniker erst einmal nicht bewusst ist, versucht er, durch das Verschieben und Durcheinanderwürfeln der Buchstaben das Wort ›Blume‹ zu erfassen und als eine Blume zu erkennen, was aber natürlich nicht möglich ist. Denn das Wort ›Blume‹ *ist* keine Blume – auch das Wort ›flower‹ oder das Wort ›kwiat‹ (was auf Polnisch Blume heißt) nicht.«[38] Worte sind keine Bilder, sie werden anders im Gehirn verarbeitet.

Wenn man nun als Legastheniker um diese Unterscheidung weiß und sich beim Erlernen von Worten und Ausdrücken Bilder oder kleine Filmchen merkt, bleiben diese hängen. Und natürlich ist es wie immer beim Lernen wichtig, dies mit Gelassenheit, eigenem Relevanzverständnis und Begeisterung zu tun.

Ich erinnere mich sehr gut an eine junge Familie, die vor fast zwanzig Jahren in meine Praxis kam. Ein junges, einfach gestricktes Pärchen mit seinem neunjährigen Sohn im Schlepptau. Jörn wurde ein Entwicklungsrückschritt bescheinigt. Obwohl er bereits im dritten Schuljahr war, wurde er immer wieder in die erste Grundschulklasse zurückversetzt. Die Mutter beteuerte, dass bis vor vier Jahren mit ihrem Kind noch alles in Ordnung gewesen war. Es musste also zwischenzeitlich etwas geschehen sein, was den Rückschritt des Jungen erklärte. In der Analyse der Familiensituation zeigte sich, dass Jörn ein ungewolltes Kind war und die Eltern damals aus finanziellen Gründen eigentlich keine Familie gründen wollten. Allerdings raufte sich das Pärchen letztlich doch zusammen, und die wirtschaftliche Situation erholte sich. Daraufhin entschieden sich die beiden für ein weiteres Kind, und Jörn bekam nach fünf Jahren eine kleine Schwester. Sie wurde ihm lang als *Spielkameradin* angekündigt, und so können Sie sich Jörns Enttäuschung vorstellen, als ihm langsam bewusst wurde, dass er als Fünfjähriger mit dem Baby definitiv nicht spielen konnte. Jörn, der bis dahin als sehr lieb, aufmerksam und intelligent gegolten hatte, wurde zunehmend unverständiger, begriff die einfachsten Dinge nicht mehr und wirkte stark entwicklungsblockiert. Die ärztliche Untersuchung ergab, dass er eine Lese-Rechtschreib-Schwäche und eine Dyskalkulie hatte. Man hätte den Eltern damit auch gleich sagen können, »Ihr Kind ist schwachsinnig«. Immer öfter kam es zu Zankereien zwischen den Geschwistern. Die Eltern waren völlig verzweifelt.

Die Lösung des Problems war so allumfassend, dass ich mich heute noch über meinen damaligen Einfall freue. Mir war klar, dass Jörn ein sogenanntes Erstgeborenentrauma erlitten hatte. Beim ersten Kind sind Eltern meist wesentlich kontrollierter, erzieherisch invasiver und daher auch oft unangenehmer für das Kind als bei den Folgekindern. Die Ersten haben es im Vergleich schwerer, für ihre Fähigkeiten Aufmerksamkeit zu bekommen, weil die Jüngeren ja für jeden Gluckser Applaus ernten, derweil die Älteren selbstverständlich schon vieles können − so stellt es sich zumindest meist für den Großen dar. Jörn registrierte also offenbar, dass seine Schwester, trotz ihrer Unfähigkeit zu rennen, zu hopsen und zu malen, viel mehr Liebe und Aufmerksamkeit bekam als er. Und so *beschloss* der intelligente Junge unterbewusst, ganz einfach so zu werden wie ein Baby − und damit begann sein Abstieg.

Ich nahm den Jungen zur Seite und sagte ihm unter vier Augen, dass er doch schon, im Vergleich zur Schwester, lesen, rechnen und schreiben konnte. Sie könne das nicht. Damit wurde ihm wieder sein Vorsprung klar. Dann wies ich den Jungen darauf hin, dass er für seine kleine Schwester doch der Große, der Alleskönner, der Held war, dem sie zeigen wollte, dass sie auch schon rennen, hopsen, malen könne. Ich riet ihm: Bring deiner Schwester doch einfach Lesen, Rechnen und Schreiben bei. Du bist der Große, sie wird dich dafür lieben, dass du dich um sie kümmerst! Sie können sich denken, was geschah: Jörn tat dies zu Hause und fühlte sich fortan wieder wie ein Held: Die Kleine war überglücklich für die brüderliche Zuwendung und lernte wie der Blitz. Die Kinder zankten nicht mehr, Jörn bekam den Glauben an seinen Reifevorteil und seine Intelligenz zurück, wurde besser in der Schule, und die Eltern platzten fast vor Glück – innerhalb weniger Wochen!! Jetzt wissen Sie, warum ich meinen Beruf so liebe!

Lassen Sie sich niemals einreden, Ihr Kind sei dumm – meist hat es einfach nur Angst oder ist enttäuscht.

Dyskalkulie – wer rechnet denn mit so was?

»Wer nicht rechnen kann, muss fühlen«, könnte man auch sagen, denn viele Menschen, die besonders intuitiv, empathisch und sozialkompetent sind, sind einfach grottenschlechte Rechner. Allerdings kenne ich auch Beispiele, die das Gegenteil belegen: gute Rechner, die ein Händchen für Menschen haben.

Der oben schon erwähnte und bei seinen Studenten und Freunden überaus beliebte Richard Feynman ist da ein gutes Beispiel (wenngleich ein seltenes). Meist sind brillante Zahlenjongleure sozialinkompatible Einzelgänger. Sogar von Albert Einstein, der sich zeitlebens sehr engagiert für den Frieden einsetzte, ist bekannt, dass er als Professor den Unterrichtsbetrieb nur höchst ungern absolvierte, er fühlte sich dadurch von seiner Forschung abgehalten. Die Vorstellung von einer Mathelehrerin ist nicht nur der Gegenentwurf zu Pamela Anderson, sondern leider auch zu Lady Diana Spencer. Was ich damit sagen will? Nur weil jemand Schwierigkeiten im Rechnen hat, ist er damit noch lange nicht zum Scheitern verurteilt. Außerdem gibt es immer einen Grund für Blockaden bei der intellektuellen Zahlenverwaltung, vielleicht der, dass Rechnen bzw. Mathematik ein ausgesprochenes Muss ist, während Gut-zuhören-Können, Intuition, Mitgefühl oder einfach nur gutes Aussehen ein Kann ist, welches in der Kindheit selten gefördert wird. Wenn Ihr Kind, liebe Eltern, also eine diagnostizierte Dyskalkulie hat, dann empfehle ich drei Dinge:

1. Fördern Sie Ihr Kind in seinen nicht-mathematischen Fähigkeiten.
2. Verschaffen Sie Ihrem Kind echte relevante Erfolgserlebnisse beim Rechnen.
3. Gehen Sie der Ursache nach, warum Ihr Kind sich beim Rechnen blockiert fühlt. Meist sind Sie selbst lieb und wohlwollend die Stressquelle gewesen.

Bedenken Sie: Ihr Kind ist nicht etwa unheilbar krank, es ist gar nicht krank. Es sieht nur keine Chance auf Erfolgserlebnisse beim Rechnen. Wenn Rechnen zum Versagensbeweis wird, wenn kein Ergebnis zur echten Zufriedenheit führt, dann wird die Rechenfähigkeit oft einfach »abgeschaltet«. Schließlich ist das Gehirn ja nicht so dumm, sich ständig in Situationen zu manövrieren, in denen das Denken nicht lohnt. Das kennen Sie vielleicht von der Demenz – einem Symptom, bei dem der Betreffende einfach aufhört, Dinge zu denken, mit denen der andere ohnehin nicht zufrieden ist – ein Bevormundungsstress-getriggertes Symptom. Auf jeden Fall hilft es Ihrem Kind, wenn Sie ihm versprechen, dass es auch ohne Mathematik geliebt wird und Chancen auf einen guten Beruf hat. Und schreien Sie nicht entsetzt auf, wenn Ihr Kind Fußballer, Schlagzeuger oder Fotomodel werden will. Zum einen gibt es solche Jobs, und Nachwuchs wird immer gebraucht;

zum anderen ist es nicht verboten, sich bei der Berufswahl Zeit zu lassen und vieles auszuprobieren. Ich selbst habe erst im Jahr 1999 erkannt, dass die tiefenpsychologische Analyse meine absolute Leidenschaft und damit auch meine größte Stärke ist. Erst nach dieser »Entdeckung« beendete ich mein Studium. Ich wusste endlich, welcher Weg zu meiner Berufung führte; diesen schlug ich dann mit großen Schritten ein. Erfolgreich und ohne Mathematik.

Wenn Zahlen plötzlich zu Erfolgserlebnissen werden, dann klappt es auch mit dem Rechnen besser. Zu mir wurde eine Neunjährige mit angeblicher Dyskalkulie und Lese-Rechtschreib-Schwäche gebracht. Sie galt als retardiert, als zurückgeblieben. Das Mädchen hatte eine sehr dicke Brille und schaute regungslos nach unten. Etwas Speichel floss ihr aus dem Mundwinkel. Ich hätte weinen können, so bedrückt sah sie aus. Nun wurde sie also wieder zu Gericht geführt, wo man der Mutter erklärte, dass ihr Kind in der Entwicklung weit zurücklag und sich anstrengen müsse, so dürfte sie gedacht haben. Aber nicht bei mir! Unsere Praxis ist der sicherste Ort der Welt für kleine Seelen (und auch für große). Auf ihrem Sweatshirt prangte ein Bild von dem gelben Comic-Held Pikachu. Ihre Mutter erzählte mir, dass ihre Tochter fast alle der 151 Pokémons auswendig kannte. Ich sprach die Kleine auf den Pokémon an und sagte: »Cooles Shirt.« Für eine Sekunde blitzte es in den Augen des Mädchens. Man kann einem Menschen Intelligenz an den Augen ansehen. Dieses Mädchen war nie und nimmer retardiert, wurde mir klar. Wie denn auch? Sie konnte angeblich nicht rechnen, wusste aber, dass Pikachu das 25. und Enton das 54. Pokémon war? Also war sicher, ich hatte eine Chance!

Die Kleine wunderte sich darüber wohl etwas, als ich mich zu ihr hockte, blieb aber sitzen, sodass ich ihr unter vier Augen erzählen konnte, dass die dumme Ente Enton ja nach der Mutation zu Entoron, dem stolzen Schwimmdrachen, wurde – und den hielt keiner mehr für dumm! Sie nickte und lachte. Ich fuhr fort, dass sie ja auch irgendwann mal vier Jahre alt war und nicht viel konnte. Nicht lesen, nicht schreiben, nicht rechnen. Aber dann wurde sie irgendwann sechs und lernte all das. Und nun war sie bereits neun und konnte schon viel mehr als mit sechs. Irgendwann würde sie 14 Jahre alt werden. Und 14-Jährige können ja gut lesen, schreiben und rechnen. Sie solle sich einfach nur vorstellen, dass sie zu einer 14-Jährigen mutierte, mit diesem Gefühl in der Klasse saß und alles verstand. Sie öffnete die Augen, und *sie verstand!*

Am nächsten Morgen rief mich ihre Mutter weinend an und sagte, ihre Tochter, die ja angeblich auch nicht lesen konnte, hätte ihr heute Morgen am Bett aus einem Buch vorgelesen. Läuft doch, würde ich sagen!

ADHS – zu gewollt ist auch daneben

»Zappelphilipp-Syndrom« – so wurde ADHS früher noch genannt. In meinem Buch »Heilen ohne Medikamente« beschreibe ich in dem Kapitel »ADHS – Die Geister, die ich rief«, was meiner Ansicht nach hinter dem Aufmerksamkeitsdefizit-Hyperaktivitäts-Syndrom steckt. Eine einheitliche Definition dieses Verhaltensbildes gibt es ohnehin nicht. Doch die erfolgreiche Behandlung zeigt: Man muss diesen Kindern intellektuell »harte Nüsse zum Knacken geben«, welche zudem gesellschaftlich wertvoll sind. Ich glaube, ADHS ist keine medikamentös zu behandelnde Krankheit, sondern eine *erhöhte Leistungsbereitschaft zur Aufrechterhaltung des Endorphinspiegels.*

Damit hat ADHS Ähnlichkeit mit der Heroinsucht, allerdings mit dem Unterschied, dass Heroin eine längere Halbwertszeit hat als körpereigene Morphine (Endorphine) und durch Außengabe (etwa Spritzen oder Rauchen oder Schlucken) konsumiert werden muss. Der ADHS-Betroffene kann sich nicht einfach eine Dosis psychotroper Substanzen verabreichen (es sei denn, der Arzt hat solche verschrieben, wie ja leider zunehmend zu beobachten ist), sondern muss mit seinem Verhalten dafür sorgen, dass körpereigene Chemikalien ausgestoßen werden. Dafür tut er – wie ein Junkie – alles. Beginnen wir von vorn.

Ich erinnere daran: Neurobiologen wissen seit Jahrzehnten, dass sich die Entwicklung der Intelligenz bereits im Mutterleib vollzieht. Je mehr interessante und fördernde Einflüsse der Embryo erlebt, desto höher ist die Anzahl seiner neuronalen Verschaltungen, das wichtigste Kriterium für Intelligenz. Seit spätestens den 1990er-Jahren wissen wir, dass ein Baby im Bauch sämtliche Neurotransmitter der Mutter ungefiltert mitbekommt. Neurotransmitter sind die Botenstoffe, die Gefühle und Empfindungen übermitteln. Was die Mutter empfindet, das empfindet das Baby auch – nur mit dem wichtigen Unterschied, dass ihr Baby glaubt, es seien seine eigenen Gefühle.

Einer der angenehmsten »Gefühlserzeuger« im Körper sind die Botenstoffe der Gruppe der Endorphine – im Allgemeinen als »Glückshormone« bekannt. Sie erfüllen vielfältige Aufgaben, wirken stark schmerzstillend und sind an verschiedenen vegetativen Prozessen beteiligt, unter anderem an der Regulation der Körpertemperatur, der Steuerung von Antrieb und Verhalten sowie der Regelung der Darmbeweglichkeit. Endorphine werden auch als natürliches »Opium« bezeichnet, da die Wirkung in hoher Ausschüttung mit dem starken Glücksgefühl beim Konsum von Opium vergleichbar ist. Ebenso wirken Endorphine genau wie künstliche Morphine in hoher Dosis atemdepressiv – und das ist der Schlüssel zu ADHS.

Denn wenn der Spiegel an fremden Morphinen zu hoch wird, regeln die körpereigenen Systeme die Produktion der Endorphine herunter. Geschieht das häufig in der embryonalen Wachstumsphase, so stellt sich offenbar die Hypophyse, eine Hormondrüse des menschlichen Organismus, in der Entwicklung darauf ein, um eine Überdosierung an Morphinen zu vermeiden. Die Folge: Nach der Geburt ist das Kind auf erhöhte Stimuli zur Endorphinausschüttung angewiesen!

Die Eltern von Malte waren nervlich am Ende, als sie mich aufsuchten. Ihrem zehnjährigen Sohn drohte der Schulverweis – und das kurz vor dem Wechsel ins Gymnasium. Die schriftlichen Noten waren gut, aber die Lehrer konnten den ADHS-Patienten nicht bändigen. Da die Eltern zögerten, ihrem Kind Medikamente zu verabreichen, was ich sehr begrüßte, kamen sie mit ihm zu mir und bangten um eine Lösung.

Malte war das erste Kind von zwei überaus intelligenten Eltern, die sich aber beide von ihren eigenen Eltern unterschätzt und bevormundet gefühlt hatten – und das spiegelte sich im Verhalten und Charakter deutlich und sehr unangenehm wider. Man könnte sagen, Mrs Zicke und Dr. Neunmalklug. Dementsprechend wollten sie natürlich, dass ihre Kinder mit Intelligenz brillierten, und gaben in der Frühförderung Vollgas. Auf keinen Fall sollte es den Kindern so ergehen wie ihnen selbst. So weit die Theorie. In der Praxis sah das dann so aus, dass Malte im Unterricht für etwa fünf Minuten still sitzen konnte, bis das Sitzen für ihn zur Quälerei wurde. Er musste aufspringen und aus dem Fenster schauen, zur Toilette laufen, um den Tisch herum zum Nachbarn gehen und so weiter. Selbstverständlich war der Junge verzweifelt und schämte sich wegen seines Ungehorsams. Aber es nützte nichts. Kein Anschreien, keine Strafarbeiten, kein Nachsitzen, keine Briefe an die Eltern und auch keine Predigt beim Elternsprechtag zeigten Wirkung.

Ich fragte Malte, ob es etwas gebe, das vielleicht schon mal geholfen habe, etwas ruhiger zu werden – und er sagte: »Wenn ich mit meinem Fahrrad einen ganz steilen Berg hochfahre.« Alles klar. Ich versetzte ihn in Hypnose (das ist zugegebenermaßen bei einem solchen »Raketenwurm« nicht ganz so einfach) und bat ihn, sich genau und intensiv vorzustellen, wie er mit seinem Fahrrad den Berg hochfuhr. Mit dieser Vorstellung ließ ich ihn buchstäblich ein paar Minuten schwitzen. Dann verankerte ich bei ihm, dass er zu Beginn einer jeden Unterrichtsstunde sich mit geschlossenen Augen genau diese Szene vorstellen sollte.

Das wirkte Wunder. Der Junge konnte bereits am nächsten Schultag dem Unterricht einigermaßen störungsfrei beiwohnen, erschienen im Mankau-Verlag, sodass die Lehrer ihm die Chance gaben, an der Schule zu bleiben. Danach wechselte Malte ins Gymnasium und wurde dort extrem gefordert – was aber genau seinem Niveau entsprach. Heute, 15 Jahre später, studiert der junge Mann und programmiert komplexe Computerapplikationen. Er war einfach nur massiv unterfordert.

ADHS ist eine absolut logische und für jeden nachvollziehbare Reaktion auf das plötzliche Nachlassen erlebter frühkindlicher Intelligenzförderung durch pränatale Eingriffe – und keine medikamentös zu behandelnde Krankheit!

Wer seine Kinder auf Teufel komm raus fördert, der muss sich nicht wundern, wenn diese dann schließlich intellektuell »etwas zu beißen« haben wollen und weiterhin dasselbe Maß an Aufmerksamkeit und Anerkennung einfordern, wie sie es gewohnt sind.

Natürlich ist es im Sinne der Entwicklung des Kindes und zur Verringerung von Geburtskomplikationen durchaus sinnvoll für eine werdende Mutter, mit ihrem Kind im Bauch zu interagieren. Hierzu gibt die deutsche Autorin Kristina Rumpel in ihrem Ratgeber »FlowBirthing«, erschienen im Mankau-Verlag, hilfreiche und strukturierte Anleitung. Die positiven Auswirkungen einer sensiblen und beruhigenden Interaktion mit dem ungeborenen Kind lassen sich ein Leben lang feststellen. Nur sollte man auch nach der Geburt in der Lage sein, einem Kind das zu geben, was man ihm neun Monate lang »versprochen« hat.

Ich gebe betroffenen Eltern stets den Rat, ihr ADHS-Kind im Grundschulalter so zu behandeln, als habe es die Reife und Fähigkeiten eines 14-Jährigen, mit den Rechten und Pflichten eines Achtjährigen. Damit meine ich »Welpenschutz«, gleichzeitig versehen mit dem Respekt eines fast erwachsenen Menschen. Wenn ein Kind sich respektierter, ernster genommen und auf gleicher Augenhöhe beachtet fühlt, braucht es um seine Position als intelligenter und verständiger Mensch nicht zu kämpfen. Natürlich fehlen dem Kind noch Lebenserfahrung und Verantwortungsbewusstsein, daher ist der Schutz notwendig, um es nicht zu überfordern und zu frustrieren. So bleibt es nicht länger entmündigt, aber genügend gefordert und zudem deutlich ernster genommen.

Das Medikament Ritalin, ein amphetaminartiges Arzneimittel mit stimulierender Wirkung, kann im Regelfall sofort vollständig abgesetzt werden. Mir sind keine Fälle von Nebenwirkungen oder Entzug bekannt, wenn das Schülercoaching den Schüler emotional erreicht und die Eltern sich in Zurückhaltung üben.

Meines Erachtens ist Ritalin mit großer Vorsicht und Skepsis zu behandeln, wie die Berichte über nachhaltige Schädigungen im Zusammenhang mit dem Medikament zeigen. So belegt eine evidenzgestützte Studie eindeutig, dass »Ritalin-Kinder« im Erwachsenenalter eine signifikant höhere Bereitschaft zum Drogenkonsum aufweisen. Zudem steht Ritalin im Verdacht, als mögliche Langzeitschädigung die Parkinson'sche Krankheit zu begünstigen. Und dies alles nur, weil Eltern mit einem hoch anspruchsvollen Kind völlig überfordert waren.

Tipp für dich: Gehe ein paar Schritte in den Schuhen deiner Eltern

Damit ist nicht gemeint, dass du in deren Pumps oder Sneakers herumlatschen sollst, sondern etwas ganz anderes: Versetze dich in deren Lage. Setze dich bequem hin, schließe die Augen, zähle langsam im Viersekundentakt von zehn bis null und stelle dir dann genau vor, wie der Erwachsene, der dir Schulstress macht (Vater, Stiefvater, Opa, Oma, Stiefmutter, Mutter, Heimleitung) oder wer auch immer, einmal im Jahre Neunzehnhundertsoundso ein Kind von drei Jahren war. Dieses Kind hat gespielt, gelacht und manchmal geweint. Doch nun schau dir in Gedanken an, wie es aufwächst. Schau dir seine Eltern an. Erkenne, dass dieses Kind viel zu oft enttäuscht, gekränkt, überfordert oder zurückgewiesen wurde. Irgendwann war Schluss mit Spielen, Lachen und Weinen. Stark, sein, brav sein, hart und fleißig sein war angesagt! Und dieser Mensch wurde dadurch zu einem Erwachsenen, der dich nun fast genauso behandelt, wie er einst selbst behandelt wurde. Dieser Mensch ist nicht böse, dumm oder krank, sondern hilflos. Dein Vater, deine Mutter haben entweder Angst davor, dass es dir genauso ergeht wie ihnen selbst und machen daher so einen Druck. Oder sie sind einfach völlig überfordert und überlassen dich deinem Schicksal, weshalb du dich vielleicht oft so allein gelassen fühlst.

Doch sobald du verstehst, dass dir niemand jemals wehtun wollte, sondern dass die ganzen Konflikte nur durch Unreife, Überforderung, Angst und Missverständnisse zustande kommen, kannst du dich davon emotional befreien. Sobald du aufhörst, in deinen Eltern Helden zu erwarten, Erwachsene, die alles können und alles so meinen, wie sie es sagen, sobald du verstehst, sie sind schwach und haben Angst vor ihren eigenen Eltern (die sitzen in ihrem Kopf und kritisieren herum), bist du frei. Ab da bist du kein Kind mehr, und das ist es, was sich eigentlich jede Mutter von ihrem Kind wünscht: dass es ein gutes Leben lebt.[39]

Fazit von Schritt 3

Liebe Eltern: Schüler sind nicht krank oder wertlos, sondern oft nur unreif, unerfahren und unmündig. Doch die Zeit ist irgendwann vorbei. Das Wissen, dass die Schulzeit nur eine Episode ist, nimmt den Druck. Das Ziel von Schritt 3 ist ein weiterer innerer Reifeschritt, mit dem der Schüler den Glauben an sich zurückbekommt, sein Selbstwertgefühl steigert und dadurch in einer Mischung aus Euphorie und Souveränität den Unterricht für sich nutzt.

Und für dich:

Nimm die Schule nicht zu ernst (im Sinne von bedrohlich), dann hast du keine Angst mehr vor dem Unterricht, vor Klausuren, Noten oder Mitschülern.
Motiviere deine Lehrer, dir etwas beizubringen.
Bleib locker, so lässt sich Schule entspannt ertragen und hinter sich bringen!

Hörbuch mit Schülercoaching

Das Hörbuch umfasst den vollständigen Inhalt dieses Ratgebers. Zusätzlich enthält es ein Audio-Coaching, mit dessen Hilfe Schüler ihre Wahrnehmung des Schulalltags verändern können, um stressfreier, zufriedener und motivierter zu werden.

Andreas Winter I Schulzeit ohne Stress! I 19,95 € UVP (D/A) I 978-3-86374-579-0

Abschließend ein paar Tipps für Lehrer

Falls Sie Lehrer sind und sich tatsächlich tapfer bis hierher durchgekämpft haben sollten, möchte ich Ihnen zunächst einmal zu Ihrem Mut gratulieren. Ich kann mir vorstellen, dass Sie zwischenzeitlich mit dem Gedanken gespielt haben, sich entweder von diesem Buch oder von Ihrem Job zu trennen.

Deshalb habe ich hier für Sie ebenfalls ein paar praktikable Tipps:

1. Machen Sie Ihre Arbeit wie einen studentischen Ferienjob; das heißt, erwarten Sie weder Lob noch Dankbarkeit vom Vorgesetzten. Streben Sie auch keine Karriere an, denn sonst sind Sie leicht erpressbar. Erwarten Sie keine Freundschaft von den Kollegen und auch keine Liebe von den Schülern. Gehen Sie einfach zur Arbeit, machen da Ihre Stunden, gemäß Ihrem Anspruch, und gehen wieder nach Hause. Sie bekommen nicht mehr Geld dafür, dass Sie sich ärgern, oder dafür, dass alle Schüler eine Eins schreiben. Seien Sie der Bildungspartner für Ihre Schüler. Nicht der Richter, nicht der Karrierepusher, nicht der Drill-Instructor, sondern einfach nur der Lehrer.

2. Erklären Sie den Schülern, was das Schulsystem ist und dass Sie selbst darunter leiden. Erläutern Sie ihnen Ihre Vision von einem optimalen Unterricht, und verdeutlichen Sie dabei, dass Sie ganz einfach nicht die Möglichkeiten dazu bekommen, so zu unterrichten, wie es sinnvoll wäre. Machen Sie sich zum

Verbündeten Ihrer Schüler. Wenn Sie sich bewusst machen, dass Sie nolens-volens eine Projektionsfläche für die Schüler sind und diese Sie reflektorisch für eine Bedrohung halten, haben Sie auch die Möglichkeit, dieses Muster zu durchbrechen. Der Satz »Ich bin nicht dein Vater/deine Mutter, ich will dir einfach nur helfen, hier in der Schule nicht kaputt gemacht zu werden« könnte bereits einen Neustart beim Problemschüler ermöglichen. Jeder Mensch sehnt sich nach Sicherheit und Vertrauen, auch der Klassenrowdy und die Schulzicke.

3. Interessieren Sie sich einmal aufrichtig und ernsthaft für die Werte der Schüler. Vielen Eltern und Lehrern fällt es schwer, Verständnis für die Omnipräsenz von Smartphones aufzubringen. Dabei ist es ganz einfach: Es geht um die Option auf Kommunikation und Verwirklichungsmöglichkeiten. Das ist alles. Mit dem Handy bleiben die Kids in Kontakt, erfahren, was los ist, spielen und verfügen über diverse Tools zur Erleichterung des Lebens. Wer das nicht respektiert, schießt sich als authentischer Ratgeber für Jugendliche weit ins Aus. Bedenken Sie, dass Schule wirklich nicht wichtig ist, um seine Berufung zu finden, Karriere zu machen oder einfach nur Geld zu verdienen. Ebenso die kulturellen Werte wie Musik und Filme. Lassen Sie sich einmal faszinieren von der Welt eines 15-Jährigen! Es wird eine Bereicherung für Sie sein.

4. Die Erziehungsarbeit ist abgeschlossen, noch bevor die Kinder eingeschult werden. Alle Weichen für Renitenz, Achtsamkeit, Materialismus, Delinquenz, Sozialkompetenz, In- oder Extrovertiertheit sind schon gestellt. Sie sind kein Erzieher, und Sie sind auch nicht dafür verantwortlich. Alles, was Sie tun können, ist sozialintegratives Verhalten zu fördern, indem Sie ein

glaubwürdiges und erstrebenswertes Vorbild für Ihre Schüler sind, und es sich lohnt, Ihnen nachzueifern. Damit können Sie etwas ausbügeln, was die Eltern, Großeltern und Geschwister der Kinder versehentlich verbogen haben. Unterschätzen Sie Ihren Einfluss nicht. Sie bleiben bei Ihren Schülern möglicherweise ewig in Erinnerung.

5. Geben Sie den Schülern eine neue Chance. Kinder brauchen Vergebung und Erfolge. Seien Sie ehrlich und konsequent. Kinder spüren sofort, wenn jemand blufft. Wenn Sie wieder pädagogische Erfolge haben wollen, dann geht das nur über die Kinder. Das wichtigste Kriterium dafür ist die innere Zustimmung des Schülers. Helfen Sie den Kids, die Schule zu rocken, das hätte Ihnen einst sicherlich auch gutgetan! Machen Sie Ihren Unterrichtsraum zu einem Ort der Menschlichkeit.

Eines Tages kam Thomas Edison von der Schule nach Hause. Er sagte zu seiner Mutter: »Mein Lehrer hat mir diesen Brief gegeben und gesagt, ich solle ihn nur meiner Mutter zu lesen geben.« Die Mutter hatte die Augen voller Tränen, als sie dem Kind laut vorlas: »Ihr Sohn ist ein Genie. Diese Schule ist zu klein für ihn und hat keine Lehrer, die gut genug sind, ihn zu unterrichten. Bitte unterrichten Sie ihn selbst.« Viele Jahre nach dem Tod der Mutter, Edison war inzwischen einer der größten Erfinder des Jahrhunderts, durchsuchte er eines Tages alte Familiensachen. Plötzlich stieß er in einer Schreibtischschublade auf ein zusammengefaltetes Blatt Papier. Er nahm und öffnete es. Auf dem Blatt stand geschrieben: »Ihr Sohn ist geistig behindert. Wir wollen ihn nicht mehr in unserer Schule haben.« Edison weinte stundenlang, und dann schrieb er in sein Tagebuch: »Thomas Alva Edison war ein geistig behindertes Kind. Durch eine heldenhafte Mutter wurde er zum größten Genie des Jahrhunderts.« Quelle unbekannt

Wie es nach der Schule weitergehen kann ...

Ich helfe Schülern, ohne ein Bewerbungsschreiben eine Arbeitsstelle zu bekommen. Auch das ist eine Frage des »Gewusst-wie«. Man muss dabei verstehen, dass echte Personalentscheider weder Bittsteller noch Schmarotzer wollen, sondern Mitarbeiter, die für eine Überzeugung einstehen. Wer sich bewirbt, zeigt damit schon gleich am Anfang, dass er ein Bittsteller ist. Eine bessere Strategie, um einen Job in einer Firma zu bekommen, für die man arbeiten möchte, ist, den Personalentscheider für sich zu begeistern. Im Institut für Metapädagogik (www.metapaed.com) erlernen Schüler aller Schulformen, wie sie zur richtigen Zeit und an der richtigen Stelle ihr gesamtes Potenzial abrufen können und somit aus einer scheinbar chancen- und aussichtslosen Position heraus einen Personalentscheider über ihre berufliche Eignung informieren.

Nachwort des Autors

Geboren im kalten Februar 1966, wuchs ich im Dortmunder Osten auf – einer Region, die von Handel, Stahlverhüttung, Bierproduktion und Kohlebergbau geprägt war. Wir wohnten an einer Hauptverkehrsstraße, und es gab in der Nachbarschaft keine Kinder in meinem Alter. Ich musste (zum Glück) nicht in den Kindergarten, sodass meine ältere Schwester bis zu meiner Einschulung meine einzige direkte kindliche Bezugsperson war, abgesehen von seltenen Besuchen meiner Cousins und Cousinen. Ich war ein Einzelgänger, der sich allerdings niemals langweilte. Ich hielt es für selbstverständlich zu versuchen, in der Schule möglichst gut mitzukommen, wenngleich ich praktisch niemals Hausaufgaben machte und auch ansonsten die Schule eher als Freiheitsberaubung und Entwürdigung verstand (was ich noch immer tue).

Mein erster Unterrichtstag begann mit einer großen Frustration. Wir hatten unsere riesigen DIN-A2-Zeichenblöcke und Wachsmalstifte dabei und sollten »Ostereier« malen. Ich begann Blut und Wasser zu schwitzen. Ostereier?? Wie sollte ich das denn machen? Ich begann, die eirigen Umrisse mit Mustern auszumalen. Doch fehlendes Wissen über perspektivisches Zeichnen ließ die Kringel und Linien irgendwie alle zweidimensional aussehen. Ich war verzweifelt. Der erste Tag – und ich scheiterte an der ersten Aufgabe. Das konnte ja heiter werden. Nach einer Weile kam meine Lehrerin zu mir, sah mir über die Schulter und fragte dann entsetzt: »Was machst du denn da? Gib mal her!« Sie nahm mir den Wachsmalstift aus der Hand, fing an, auf meinem Block Kreise zu malen, und sagte dann: »Kinder, hört mal her: Wir singen jetzt alle, ›Der Ball ist rund und bunt, der Ball ist rund und bunt‹!« Ich war so konsterniert, dass ich nichts sagen konnte. Ich dachte, ich sei in der Schule und hier werde Wert auf präzise Formulierungen gelegt. »Kreise« sollten wir malen, nicht »Ostereier«. Ich war erleichtert, denn auf diesem Niveau musste Schule zu schaffen sein. Man musste nur herausfinden, was die Lehrer wirklich meinen.

Das war der Beginn einer langen und seltsamen Beziehung zwischen mir und der Institution Schule. Aber ich kann behaupten, dass ich versuchte, aus meiner Lage eine Win-win-win-Situation zu machen; ein Spiel ausschließlich mit Gewinnern. Denn nur so stabilisiert sich eine Veränderung von allein – wenn niemand dabei verliert.

Ich hoffe, dass mein Buch Sie nicht allzu sehr verunsichert oder provoziert hat. Meine sprachliche Ausdrucksweise und meine Ansichten sind sicherlich manchmal etwas plakativ, aber ich musste Sie emotional erreichen, denn Sie werden von Ihren Kindern gebraucht. Schüler, Eltern und Lehrer müssen zusammenhalten, sonst stresst Schule uns alle!

Ich habe bei den Recherchen zu diesem Buch von einigen Menschen die Meinung vernommen, wir sollten doch alle besser froh sein, dass wir überhaupt solche Schulen haben. Woanders würden Kinder darum kämpfen müssen, zur Schule gehen zu dürfen. Dieses Totschlagargument lasse ich nicht gelten. Wir leben weder in einem Entwicklungsland noch in einer Militärdiktatur, sondern in einem der reichsten und höchst entwickelten Staaten der Erde. Wir verdienen unser Geld weder mit Schuhputzen noch mit Prostitution, Drogenhandel oder Sklavenarbeit in der Textilfabrik. Nein, wir sollten *nicht* froh sein, dass wir überhaupt Schulen haben, denn es ist die Errungenschaft unserer Ahnen und damit unser Recht, dass wir so leben, wie wir leben, und es ist absolut nicht in Ordnung, dass sich Kinder die Pulsadern aufschneiden oder von der Autobahnbrücke stürzen, weil sie schlechte Schulnoten bekommen haben!

Es ist vollkommen unerträglich, dass sich intelligente Menschen mit einem Bildungsstand, der ausreichen würde, in einigen strukturschwachen Gegenden dieser Welt Polizeichef, Dorfbürgermeister oder Klinikleiter zu sein, hierzulande als Totalversager fühlen und als gesellschaftlich Gestrandete auf der Straße leben und sich nachts mit Zeitungen zudecken, nur weil sie in der Kindheit vom Schulunterricht überfordert waren und hierfür den Fehler bei sich gesucht haben. Also schauen wir doch lieber, wie es noch viel besser werden kann!

Ich habe im gesamten Freundes-, Bekannten- und Klientenkreis bei deren schulpflichtigen Kindern herumgefragt, unter welchen Umständen sie gern zur Schule gehen würden. Die Antworten waren relativ gleich: Wenn es auch nur ein einziges Unterrichtsfach gäbe, das die persönlichen Interessen wie Ballett tanzen, Computerspiele programmieren, Skateboarden oder Fotografieren zur Berufsfähigkeit fördern würde, dann wäre Schule erträglich. Gäbe es sogar zwei oder mehr Fächer, die die Neigungen des Kindes aufgriffen und förderten, dann käme sogar die Freude am Schulbesuch zurück, so wurde vermutet. Da die meisten von uns schon einmal eine Tanz- oder Sportveranstaltung besucht oder ein Computerspiel ausprobiert haben, ist es kein absurder Gedanke, diese Ambitionen zu fördern.

Schulen sollten wieder bilden, so fordert auch der oben zitierte Professor Gerald Hüther in einem aktuellen Interview in der WELT: »Wir müssen Schule auf das zurückführen, was sie tatsächlich ist: eine Ausbildungsstätte. Alles, was Schule nicht kann, muss sie abgeben und darf sich das auch nicht weiter auf die Fahnen schreiben. Der Schule ihre Bedeutung nehmen, das sollte unser Ziel für die nächsten Jahre sein. Zusätzlich wissen wir, dass die entscheidenden Bildungserfahrungen nicht institutionalisierbar sind. Dabei handelt es sich um Fähigkeiten, wie sich selbst kennenzulernen, gemeinsam mit anderen Lösungen für Probleme zu entwickeln und Empathie. Das sind alles Dinge, die man nicht unterrichten kann. Deshalb muss die Zivilgesellschaft aktiver werden und sich verantwortlich dafür fühlen, dass junge Menschen all das lernen.«[40]

Dem habe ich nichts mehr hinzuzufügen außer den Dank an Sie, dass Sie für Ihre Kinder dieses Buch gelesen haben, um ihnen zu einem guten Leben zu verhelfen!

Ihr Andreas Winter

Gedanken von Imke Rosiejka
(Lehrerin, Autorin, Künstlerin)

»Was dich trifft, betrifft dich auch!«

Dieses Buch trifft mich mitten ins Herz und mitten ins Hirn! Weil es mich betrifft, mitten in meinem Fühlen und mitten in meinem Denken!

Ich kenne die geschilderten Probleme zur Genüge: Selbst frustrierte Schülerin, die sich nicht nur einmal gefragt hat, was das alles soll (und das in den späten 1970ern), unterrichte ich heute an einer der berufsbildenden Schulen unseres Landkreises in allen Schulformen, kenne also auch die andere Seite sehr genau. Die Frustration, die aufkommt, wenn frustrierte Schüler den Unterricht boykottieren, weil sie auch heute nicht einsehen mögen, warum sie sich z. B. mit den alten Schinken der Aufklärung rumärgern sollen, gehört vor allem im beruflichen Gymnasium zu meinem Alltag. Ich sollte vielleicht erwähnen, dass ich u. a. in der 11. Klasse Deutsch unterrichte und sich die jungen Menschen bei uns zu einem Abitur mit technischem oder gestalterischem Schwerpunkt angemeldet haben. Wenn ich dann das erste Mal in die Klasse komme, fallen sie meist aus allen Wolken, wenn sie hören, dass, weil sie ja eine allgemeine Hochschulreife anstreben, auch Deutschunterricht auf hohem Niveau auf ihrem Stundenplan steht. Da habe ich dann schon die erste Runde verloren, obwohl ich sicher alles andere als einen Kampf anstrebe! Und wenn ich ganz ehrlich bin, verstehe ich manche curriculare Vorgabe selbst nicht! Meine Schüler spiegeln mir also auch das ein oder andere Mal meine eigene Frustration mit diesem Schulsystem.

Ich kenne aber auch noch extremere Reaktionen von Schülern, die nah an Körperverletzung gehen. Und sicher geht so mancher Kollege und natürlich auch so manche Kollegin schon mal mit einem richtig mulmigen Gefühl in eine Klasse, in der um die zwanzig junge Männer sitzen, die weder mit ihrem Frust noch mit ihrer körperlichen Kraft adäquat umzugehen gelernt haben. Da versagt das System allein bei der Zusammenstellung und Klassengröße! Das trifft übrigens auch auf Schülerinnen zu: So hat mir eine Schülerin, als ich sie auf die zu erwartenden Konsequenzen ihres Fehlverhaltens hinwies, entgegengeschleudert, dass ich froh sein könne, nicht ihre Lehrerin an der alten Schule gewesen zu sein ... sonst hätte ich jetzt am Boden gelegen. Froh um den sich damit ausdrückenden Respekt mir gegenüber – denn ich stand ja noch – gab ich zu bedenken, dass sich ja in einem solchen Fall erst rausstellen müsse, wer von uns beiden schließlich am Boden zu liegen kommen würde ... Ich weiß, Sie stöhnen jetzt auf, aber im BVJ ist es manchmal ratsam, mit deutlicher Sprache auf Grenzverletzungen hinzuweisen. Die Schülerin jedenfalls hat, Gott sei Dank, nie ausprobieren wollen, ob sie nicht doch stärker sein könnte als ich.

Als ich mit meinem Lehramtsstudium begann und schließlich ins Referendariat kam, war mir jedenfalls nicht klar, dass mich mein Berufsalltag einmal mit solchen Situationen konfrontieren würde. Ich dachte, ich mache einfach alles anders und besser als meine eigenen Lehrer, und dann läuft das schon. Leider nicht so einfach wie gedacht: Es funktioniert eben nicht, als junge Lehrkraft in die Schule zu kommen und ein bestehendes und festgefahrenes System verändern zu wollen. Und so wie Eltern irgendwann feststellen, dass sie wie ihre eigenen Eltern geworden sind, musste ich mir irgendwann eingestehen, dass ich nicht immer sehr weit vom Verhalten meiner eigenen Lehrer entfernt war, weil mir das System durch die engen Grenzen bestimmte Verhaltensweisen quasi aufzwang: Notengebung, Stundenplan, Zeitvorgaben, Schulbuchvorlagen und nicht zuletzt das Bestreben, Vergleichbarkeit in allen Belangen herzustellen. Also schön immer mit den anderen Kollegen parallel und bloß keine neumodischen Sperenzien.

An dieser Frustration (gepaart mit ein paar weiteren guten Gründen) bin ich 2002 schließlich an Panikattacken erkrankt – heute hieße die Diagnose wohl »Burn-out« ... und mein Krankheitsbild zeigte tatsächlich alle dazugehörigen Anzeichen. Selbst suizidale Gedanken gehörten sieben lange Jahre zu meinem Leben. Klassische Therapieversuche und eine psychosomatische Kur sollten mir wieder auf die Beine und in die Schule zurückhelfen.

Aber erst die Arbeit mit alternativen Behandlungsmethoden hat mir verstehen geholfen, was da in meiner Seele alles seit frühester Kindheit in Scherben gelegen hatte. Und wie die Traumatisierungen zu Verhaltensmustern führten, die ich eigentlich gar nicht haben wollte, aber auch nicht auflösen konnte. Auf meinem Weg raus aus Depression und Angst in die Freude und ins pure Leben habe ich schließlich auch Andreas Winter kennengelernt, der erst mein Coach, inzwischen ein guter Freund und Lieferant für interessante Unterrichtsmaterialien geworden ist (dazu später mehr).

Als Andreas mich fragte, ob ich mir vorstellen könnte, das Nachwort zu seinem hier vorliegenden Buch zu schreiben, habe ich sofort gedacht: »Klar, das kann ich mir gut vorstellen!«

Ich hatte gerade erst das Manuskript zum Probelesen bekommen, war, wie oben geschildert, ge- und betroffen und sofort tief beeindruckt von den Lösungsvorschlägen.

Als Insiderin des Schulsystems weiß ich nur zu gut, dass dieses System nicht nur ausgesprochen träge ist. Dass es einige Wirtschaftszweige gibt, die ein großes Interesse daran haben, dass unsere Schüler weit weg von bewusstem Handeln bleiben, ist vielleicht besonders an berufsbildenden Schulen deutlich, wo so mancher Auszubildende schon während der Probezeit überlegen muss, wie er von dem Gehalt, das er oder sie später verdient, über die Runden kommen soll.

Und unsere angehenden Abiturienten?

Wenn ich zu Beginn der 11. Klasse frage, wer von den Anwesenden denn schon weiß, was nach dem Abitur kommen soll, melden sich von 28 Schüler*innen drei oder vier. Das erschüttert mich genauso wie die nicht zu übersehende Zunahme an psychisch schwer belasteten Seelen, die dem enormen Druck oft nicht lange standhalten können.

Ich bin auf meiner nun 25-jährigen Schulreise als Lehrerin schon vielen Versuchen begegnet, dieser Entwicklung gegenzusteuern. Allesamt kurze Strohfeuer, bei denen oft nur in geringem Maße an Äußerlichkeiten rumgeschraubt wurde, ohne wirklich etwas zu verändern.

Ja, auch da treffen und betreffen mich die Aussagen von Andreas Winter, denn er weiß aus der eigenen Schulzeit und aus seiner langjährigen Arbeit als Coach, dass es hier und heute nicht darum gehen kann, darauf zu warten, bis sich Schule ändert. Deshalb ist sein Lösungsansatz auch so vielversprechend. Nicht die großen Veränderungen (eine Umwälzung) helfen in der aktuellen

Lage, sondern die kleinen Schritte, die auch innerhalb dieses Systems möglich sind. Es sind diese Schritte, die alle Betroffenen aus der Stressfalle befreien können. Es geht in kleinen Nischen auch anders. So nehme ich mir jede auch noch so kleine Freiheit, arbeite z. B. mit Texten von Andreas und anderen Autoren, um daran Inhaltsangaben oder Erörterungen mit den Schülern zu üben. Ich gebe Romane zur Rezension in Form von Referaten vor, die die Schüler, so sagen sie mir das am Ende einer solchen Unterrichtssequenz immer wieder, sonst nie gelesen hätten. Und sie bedanken sich bei mir für die interessanten Texte und für die gute Buchauswahl, weil es immer um Themen geht, die ihre Themen sind – Andreas nennt das »Relevanz herstellen«.

Was ich mir für die Schule zusätzlich wünschte, wären fest verankerte Coachingangebote (wir haben das bei uns an der Schule zwei Jahre lang sehr erfolgreich durchgeführt – leider sind diese Bemühungen den Sparvorgaben einer plötzlich autarken Schule, zumindest in finanziellen Zwängen, zum Opfer gefallen). Wo aber sollen die Kinder und Jugendlichen denn ihre Stärken kennenlernen, ausbauen und lieben lernen? Doch eigentlich genau dort, wo sie heute permanent auf ihre Schwächen reduziert beurteilt werden! An diesem Punkt hat das Schulsystem echten Nachholbedarf.

Und wie in allen anderen Bereichen, in denen ich den Ansatz von Andreas Winter kennen-, schätzen und leben gelernt habe, geht es auch hier erst einmal ums Verstehen!

Verstehen, das habe ich auf meinem Weg erfahren dürfen, ist immer der erste Schritt aus der Ohnmacht. Und wenn ich mich aus Ohnmacht befreie, weil ich den anderen oder hier das System verstehe und sein Verhalten nicht mehr auf mich persönlich beziehen muss, dann ist auch Kontaktaufnahme, Kommunikation, dann sind gemeinsame Lösungswege möglich.

Noch ein Wort zu dem Buch im Allgemeinen. Ich kenne viele der Bücher von Andreas und liebe seinen Denkansatz »DENKST DU ANDERS, LEBST DU ANDERS«, der mein Leben in allen Konsequenzen verändert hat und längst zu meinem neuen Leben geworden ist.

Dieses Buch allerdings ist etwas ganz Besonderes. Es liest sich, obwohl nicht immer leichte Kost, ohne große Widerstände. Niemand muss sich angegriffen fühlen, denn es geht nicht darum, einen Schuldigen für die Situation zu finden, auf den man dann alles abwälzen könnte.

Und vielleicht fällt es auch gerade deshalb relativ leicht, sich darauf einzulassen. Andreas erklärt Zusammenhänge, beschreibt an markanten Beispielen, die wir alle irgendwie kennen, wie sich bestimmte Muster entwickeln, aber eben auch, wie man sie mit einfachen Schritten auflösen kann.

Es trifft uns alle, es betrifft uns alle, und es kann uns allen helfen, die Schulzeit gut und mit viel weniger Stress zu überstehen ... Und vielleicht haben wir so auch die Möglichkeit, das System von innen heraus allmählich neu zu gestalten.

In diesem Sinne wünsche ich Ihnen, Ihren Kindern und deren Lehrern eine gute und segensreiche (Schul)Zeit!

Imke Rosiejka
Molbergen, März 2020

Endnoten

1 Gerald Hüther im Interview am 13.07.2018 mit Tobias Armbrüster im Deutschlandfunk · Quelle: https://www.deutschlandfunk.de/bildungsystem-schueler-muessen-wissen-warum-sie-in-die.694.de.html?dram:article_id=422816

2 Manfred Spitzer im Interview am 12.10.2016 mit Andrè Hatting im Deutschlandfunk Kultur · Quelle: https://www.deutschlandfunkkultur.de/manfred-spitzer-zum-digitalpakt-fuer-schulen-eine-massnahme.1008.de.html?dram:article_id=368325

3 Ebenda

4 Manfred Spitzer im Interview am 08.03.2018 mit Tobias Armbrüster im Deutschlandfunk · Quelle: https://www.deutschlandfunk.de/digitales-klassenzimmer-psychiater-wenn-kinder-nur-wischen.694.de.html?dram:article_id=412480

5 Richard David Precht im Interview mit Thomas Kerstan und Martin Spiewak am 11. April 2013 in DIE ZEIT Nr. 16/2013 · Quelle: https://www.zeit.de/2013/16/richard-david-precht-schulsystem/komplettansicht

6 Harald Lesch im Interview von Benjamin Köhler am 12.10.2016 in Berliner Morgenpost · Quelle: https://www.morgenpost.de/vermischtes/article208408941/So-rechnet-ZDF-Moderator-Lesch-mit-dem-Bildungssystem-ab.html

7 Ebenda

8 Ebenda

9 Ebenda

10 Vortrag von Michael Winterhoff mit dem Titel »Helikoptereltern und Curlingkinder. Die Sehnsucht nach dem perfekten Kind« · Quelle: https://www.youtube.com/watch?v=qxUUNV8lTYI

11 Franz Hörmann: Das Ende des Geldes · Quelle: http://www.franzhoermann.com/uploads/2/0/1/9/20192907/20110810-das_ende_des_geldes.pdf

12 Franz Hörmann im Interview mit Tarek al Ubaidi auf Cropfm am 02.10.2018 · Quelle: https://www.youtube.com/watch?v=2-JUEM1HF2k

13 Ebenda

14 Über Andreas Salcher am 27.05.2008 im Deutschlandfunk Kultur, rezensiert von Jürgen Kaube · Quelle: https://www.deutschlandfunkkultur.de/ratgeber-voller-wohlfeiler-sprueche.950.de.html?dram:article_id=136236

15 Professor Mag. Paul Liessmann im Interview am 26.12.2017 mit Matthias Röder, dpa · Quelle: https://www.t-online.de/leben/familie/schulkind-und-jugendliche/id_82954076/experte-schulen-sind-auf-dem-holzweg.html

16 Ebenda

17 Ebenda

18 Ebenda

19 Ebenda

20 Ebenda

21 Vortrag von Darius Sobhan-Sarbandi am 07.10.2013 in der Aula des Woeste-Gymnasiums, Hemer

22 https://www.news4teachers.de/2017/03/50-000-jugendliche-pro-jahr-scheitern-an-der-schule-und-landen-in-der-arbeitslosigkeit-koennen-wir-uns-das-leisten/

23 Ebenda

24 http://vbe-nrw.de/downloads/sbvPDF/151_ado_allgemeine_dienstordnung.pdf

25 Vergleiche den Artikel im Kölner Stadtanzeiger vom 03.06.2019 von Isabell Wohlfarth: https://www.ksta.de/ratgeber/familie/offener-brief-was-dieser-schulleiter-schreibt-spricht-vielen-eltern-aus-der-seele-32641836

26 https://www.derwesten.de/region/dortmund-schueler-planten-mordkomplott-gegen-lehrer-jetzt-spricht-der-vater-des-angeklagten-id228266233.html

27 Anmerkung: Ich weiß, dass genau genommen unser Herz, aber wahrscheinlich auch die Nervengeflechte in Darm und Rückenmark die gleichen Eigenschaften haben wie das Gehirn, der Einfachheit halber reduziere ich diesen Sachverhalt aber auf das Gehirn.

28 Etwas ausführlicher stelle ich diesen Sachverhalt in meinem Video »Das Geheimnis des leeren Topfes« dar. · Quelle: https://www.youtube.com/watch?v=s2pkObcAw3U

29 Es mag für einige ungewohnt klingen, aber der Schweizer Gianni Coria entwickelte ein Verfahren, mit dem man unter bestimmten Umständen durchaus Haare wieder zum Wachsen bringen kann. Siehe Gianni Coria: Natürliche Hilfe bei Haarausfall, Mankau Verlag, Murnau 2016

30 Diese Zusammenhänge erläutere ich ausführlich in meinem Buch »Abnehmen ist leichter als zunehmen«, Mankau Verlag, Murnau 2018

31 Dirk Ohlsen: Ganzheitliche Heilkunde für Körper, Geist und Seele, Web-Site-Verlag, München 2010

32 Da dieses Buch kein Erziehungsratgeber ist, verweise ich auf mein Buch »Zu viel Erziehung schadet«, welchem das folgende Kapitel entnommen ist. Dort erfahren Sie auf über 200 Seiten, wie Sie Ihr Kind besser verstehen und konfliktfrei durch die Kindheit begleiten können. Erschienen ist es 2018 im Mankau Verlag.

33 Anmerkung: Modelllernen reicht bei einem Menschen absolut aus, um seine Ambitionen zu kanalisieren, falls die Modelle (Eltern) vorbildlich und relevante Wertelieferanten sind. Förderung, Bildung und Begeisterung wären natürlich für das Kind toll zu haben. Doch das Gefühl, Erwartungsdruck entsprechen zu müssen, um Sanktionen zu vermeiden, hinterlässt ein Verhaltensmuster der Unmündigkeit.

34 Hans-Curt Flemming in »annäherung 2.0«, erschienen 2020 im xenomoi Verlag e. K. Berlin

35 Weil dies für gewöhnlich nicht ganz ohne Hilfestellung zu leisten ist, befindet sich eine solche Lektion in einem als Download erhältlichen Audio-Coaching vor mir unter https://www.claudio.de/starthilfe-hoerbuch-download-zum-buch-der-psychocoach-8-zu-viel-498529. Damit begeben Sie sich in einer Traumreise in den emotionalen Zustand Ihrer eigenen Kindheit gebracht und im Anschluss daran in die Rollen Ihrer Erzieher versetzt, damit Sie aus der heutigen Sicht des Erwachsenen bestimmte Dinge noch einmal neu beurteilen können und zudem noch einmal an die Schwierige eines Kindes erinnert werden.

36 Die Hörbuchversion dieses Buches enthält ein Audiocoaching, in welchem es genau darum geht, sich für bestimmte Situationen auf »angstfrei« zu programmieren.

37 Jugendsprache. Abgelöst von »to lose« (engl.) = »verlieren« und der deutschen Vorsilbe »ab« (im Sinne von absteigen, abfallen). Ein Loser ist ein Verlierer. Jemand, der abgelöst, ist im Prozess des Verlierens. Diese Fußnote ist für die Eltern gedacht, die wirklich jeden Bezug zur Sprache ihrer Kinder verpasst, beziehungsweise Kinder haben, denen es genauso geht.

38 Vortrag von Darius Sobhan-Sarbandi am 07.10.2013 in der Aula des Woeste-Gymnasiums, Hemer

39 Diesen heilsamen Perspektivwechsel finden Sie in der Hörbuchversion dieses Buches als geführte Meditation von mir.

40 Gerald Hüther im Interview am 16.02.2020 mit Franziska von Haaren in Welt Online · Quelle: https://www.welt.de/politik/deutschland/plus205772667/Gerald-Huether-Wir-muessen-der-Schule-ihre-Bedeutung-nehmen.html

Andreas Winter

ZU VIEL ERZIEHUNG SCHADET!

Wie Sie Ihre Kinder stressfrei begleiten

9,95 € (D) / 10,30 € (A)
ISBN 978-3-86374-489-2

„Ein lehrreiches Buch, das Zusammenhänge aufzeigt und Verständnis weckt, ohne erhobenen Zeigefinger und ohne neue Anweisungen." Der Teckbote

„Ein besonderer Erziehungsratgeber für Eltern und pädagogische Fachleute, der hilft, die eigene Haltung zum Erziehen zu überdenken." lesbarer. Bücher – E-Books – Hörbücher

Andreas Winter

WAS DEINE ANGST DIR SAGEN WILL

Blockaden verstehen und überwinden.
Mit Extra-Tipps gegen Panikattacken

9,95 € (D) / 10,30 € (A)
ISBN 978-3-86374-323-9

„(...) So grauenhaft sich Panikattacken anfühlen: Angst kann man auch wieder loswerden. Wie das geht, weiß der tiefenpsychologische Coach und Bestseller-Autor Andreas Winter (...)." Marie-Luce Le Febve

„(...) In seinem Buch geht es Winter vor allem um eins: Er tritt dafür ein, dass jeder Mensch sich selbstständig, unabhängig und souverän fühlt und danach handelt. Es geht ihm um ein friedvolles Miteinander und um mehr Frieden in der Welt. Und dazu bietet Winter viele ausgezeichnete Denkanstöße." Reginald Hanicke

Andreas Winter

HEILEN OHNE MEDIKAMENTE

Chronische Krankheiten: Seelische Ursachen aufdecken und gesund werden. Selbstcoaching in zehn Schritten

9,95 € (D) / 10,30 € (A)
ISBN 978-3-86374-190-7

„Mit Hinweis auf spektakuläre Erfolge spürt er [Andreas Winter] der Frage nach, welchen Einfluss die Psyche auf den Körper hat. Dieser Einfluss ist nicht zu unterschätzen, wie wir wissen. Dieses Spannungsfeld laienverständlich auszuleuchten, ist sicher eine Kunst für sich. In seiner Rolle als Experte kann er unterstützen, ‚wollen' müssen jedoch seine Klienten." Dr. Susan Trittmacher